Bis einer weint ...

MANUELA MÜLLER

Bis einer
weint...

**Für meine Eltern,
meine Schwiegereltern.**

**„Erst wenn man genau weiß, wie die
Enkel ausgefallen sind, kann man
beurteilen, ob man seine Kinder gut
erzogen hat."**

(Erich Maria Remarque)

Für Frank, Marius und Jette.

„Die besten Dinge im Leben sind nicht die, die man für Geld bekommt."

(Albert Einstein)

Vorwort

Der Alarmschläfer

Am Haus unserer Nachbarn hängen zwei dicke, rote Elefanten. Jemand hat sie ans Vordach gebunden, und ich glaube, sie sind aus Plüsch. Wir sehen die Leute ja kaum. Höchstens den Mann, samstags manchmal, wenn er morgens zum Bäcker spaziert. Wenn wir schön längst beim dritten Kaffee sitzen, das Mittagessen auf dem Ofen köchelnd.

Dunkelrote Plüsch-Elefanten. Werde ihn mal fragen, was das soll.

Mein jüngerer Bruder will heiraten. Hat mir eben meine Schwägerin erzählt, die Frau meines älteren Bruders. Ich sitze mit dem Telefon in meinem Schaukelstuhl, der im Wohnzimmer steht, und halte mir die Stimme meiner Schwägerin ans rechte Ohr. Vor, zurück. Vor, zurück.

„Wann will er denn heiraten?" frage ich.

„Das hat er nicht gesagt", antwortet Katja, die Schwägerin.

„Aber das solltest du fragen, wir haben schon Februar. Und er wohnt so weit weg, wir werden Urlaub nehmen müssen!"

Dann ein spitzer und langer Schrei, und dann die Stimme meines Sohnes:

„Ma-Ma! Die Jette! Sie haut ab!"

Der Schrei holt mich aus meinen Träumen. Niemals haben meine Träume ein Ende, weil mich irgendetwas zurück ins Bett katapultiert. Mein Körper, der eben noch federleicht war, fühlt sich an wie ein nassgesaugter Schwamm.

Komme nicht hoch.

„Ma-Ma! Ich! Habe! Aah-Hangst!"

Stehe doch auf. Stolpere durchs stockdunkle Zimmer, stoße mich an der Bettkante, werde einen blauen Fleck bekommen, taste mich zum Zimmer meines Sohnes vor. Irgendwann werde ich Nachtlichter aufstellen, irgendwann. Jette, meine vierjährige Tochter, liegt in ihrem Bett, friedlich vor sich hin schlummernd.

Auch Marius, der sechs ist, hat geträumt. Als ich die roten Plüsch-Elefanten am Haus unserer Nachbarn baumeln sah, beobachtete er seine Schwester dabei, wie sie aus ihrem Nachtlager türmt und ins Elternbett schlüpft. Die Wahrheit ist, dass Kinder auch nachts Gesellschaft als angenehm empfinden. Deshalb schläft Jette in den meisten Nächten auf dem Gästebett ihres Bruders.

Wäre ich ein Computer, dann wäre ich ein älteres Modell. Und dann würde auch nachts bei mir der Bildschirmschoner über den Monitor hüpfen.

Niemals wäre ich ganz abgeschaltet. Ich wäre immer im Standby-Modus, sodass mich mein Besitzer jederzeit hochfahren und benutzen könnte. Weil ich ein Alarmschlaf-Mensch geworden bin. Werde noch als Greis bei jedem Geräusch aufschrecken, im Glauben, jemand bräuchte meine Gesellschaft.

Und dann werde ich traurig sein, dass keiner nach mir ruft.

Die Wahrheit ist auch, dass ich mich wohl fühle als Alarmschläfer. Es brauchte eine Weile, aber ich habe mich eingerichtet in meinem Leben als Mutter. Nachdem ich mich daran gewöhnt hatte, Fischstäbchen mit Kartoffelbrei zu essen, fiel es mir zunehmend leichter, nachts aus dem Schlaf gerissen zu werden.

Kurz nach der Geburt meiner Tochter entstanden die ersten Marius-und-Jette-Geschichten für die „Freie Presse". Inzwischen hat der Chemnitzer Verlag sie im Buch „Zweimal Erziehungsurlaub, bitte!" zusammengefasst, ein Bändchen über das Leben von Neu-Eltern.

Damals dachte ich, Kinder sind mit vier praktisch groß und spätestens mit sechs in der Lage, sonntags notfalls mal den Tisch zu decken und im Restaurant eine Stunde lang still zu sitzen. So wie im Kindergarten, wenn man sie als Mittagskinder abholt, aber die Gruppe noch isst. Das ist ein bisschen wie Knigge für Einsteiger. Schweigen im Saal, siebzehn Kinder sitzen am Tisch, die linke Hand liegt auf der Tischplatte, die rechte Hand löffelt Blumenkohl-Möhren-Suppe. Ja, solche Sachen essen sie da. Obwohl sie in der Überzahl sind: siebzehn Kinder gegen zwei Erzieherinnen. Sie würden gewinnen, wenn sie wollten.

Blumenkohl-Möhren-Suppe.

Wenn wir wieder Essen gehen, werde ich sie alle einladen, alle siebzehn und die beiden Erzieherinnen. Dann wird es eben ein bisschen teurer, aber das nehme ich in Kauf. Nehme ich halt einen Kredit auf, die Zinsen sind doch niedrig im Moment.

Mein Abenteuer Eltern geht weiter. In diesen Geschichten sind Marius und Jette zwei und vier Jahre alt. Und ich bin überzeugt, das ist erst der Anfang.

Manuela Müller

Februar 2014

1. Diagnose: Fluchtgefahr 💬

Meine Tochter wird erwachsen. Nicht nur, dass sie gerne mal Parfüm trägt und in meinen Schuhen herum spaziert. Damit könnte ich ja leben – teilen zu müssen, meinen Duft, diese persönliche Note, meine Kleider, vielleicht auch meinen Lippenstift. Aber sonst? Kann das gut sein, wenn ein Menschlein, das noch Windeln und Schnuller trägt, seine Mutter nicht mehr wie gewünscht anhimmelt?

Jette ist jetzt zwei Jahre alt und macht ihr eigenes Ding. Sie knipst selbst das Licht an und aus, wurstelt sich Jacken über ihren Körper und kann sehr viel Zeit damit verbringen, Klopapier von der Rolle zu wickeln, um damit den Fußboden zu wischen, nachdem sie sich die Hände gewaschen hat. Ich glaube, sie übt schon mal Hausarbeit, hat sie von ihrem Vater geerbt. Außerdem muss ich uns daheim einschließen, um die Fluchtgefahr zu minimieren: Seit Jette Türen öffnet und sich vor dem Haus herumdrückt, rechne ich mit dem Schlimmsten. Eines Tages wird sie in einem unbeobachteten Moment durch die Tür schlüpfen, verschwunden sein und mit einem windigen Typen an der Hand wieder aufkreuzen. Ja, so weit denke ich schon, vergeht ja so schnell heutzutage, diese Zeit.

Und jetzt schnüre ich schweren Herzens ihr Ränzlein, um sie Tag für Tag in die große weite Welt zu schicken, in den Kindergarten. Bananenpups zum Beispiel. Hab ich vorher nie gehört. Ich glaube, es wird heimlich benutzt.

Jette findet sie gut, diese neue Welt. Sie tapst an der Hand ihres dreijährigen Bruders in ihre Kindergartengruppe, ohne mir eine Träne nachzuweinen. Wenigstens eine trauernde Schnute hätte sie ziehen können. Habe ich es als besorgte Mutter nicht verdient, morgens würdevoll verabschiedet zu werden? Stattdessen zieht Jette von dannen, in ihre kleine neue Welt.

Das macht mich unglaubwürdig: Wochenlang jammerte ich allen die Ohren voll, wie schwer es von nun an für das reinste Menschlein der Welt werden würde. Ich fühlte mich schlecht, meine Tochter von ihrer geliebten Tagesmutter zu trennen und aus ihrem Freundeskreis zu reißen. Wegen mir wird sie Max vergessen, ihren ersten Freund. Max konnte sich Jettes Zuneigung nicht entziehen. Denn als sie sich kennen lernten, lag er noch wie ein geprellter Frosch (sagt Oma Gis immer) in seiner Babyschale, festgeschnallt wie Michael Schumacher im Ferrari. Jette erzählt von Max, besonders von seinem gesunden Appetit. Deshalb habe ich den Max-Trick erfunden. Abends, wenn sie die Leberwurst vom Schnittchen leckt, muss ich nur sagen: „Beiß mal so fein ab wie der Max." Daraufhin macht Jette vor, wie der Max isst. Nun wird sie den Max vergessen, und der Max-Trick wird bei ihr nicht mehr funktionieren.

Für den ersten Tag im Kindergarten nahm ich mir frei. Auf der Bank im Flur setzte ich sie auf ihren Platz. Unter das Blumenvasen-Symbol, das Jette für ihre Sachen zugewiesen wurde. Ich zog ihr die blauen Hausschuhe an, die Marius ihr vererbt hat. Ohne sich umzudrehen, verdrückte sie sich mit Marius ins Zimmer – beide besuchen eine Gruppe. Ich stand da, in Erwartung der großen, tränenreichen Szene, die nicht eingetreten ist. Ich war stolz und irritiert und wusste nicht wohin mit mir. Sollte ich mich hinterm Zaun verstecken, um sie später im Garten zu beobachten? Ich wollte mich bereithalten, falls die große Szene doch noch kommt.

Schließlich ging ich nach Hause. Ich stampfte Kartoffelbrei fürs Mittagessen, putzte die weißen Türblätter und backte aus Verzweiflung zum ersten Mal in meinem Leben einen Pflaumenkuchen. Denn mehrere Obstfliegen hatten begonnen, sich für die Pflaumen zu interessieren, die uns ein Nachbar geschenkt hatte. Leider war mein Kuchen nicht so beliebt wie die nackten Pflaumen. Alle lehnten ab, selbst die Fliegen schwebten einen Bogen um ihn. Ich aß den Kuchen am Ende allein. Obwohl ich eigentlich keinen Kuchen esse.

Nach zwei Stunden durfte ich Marius und Jette aus dem Kindergarten holen. Jette tat so, als würde sie mich nicht kennen und das auch nicht ändern wollen. „Jette gibt mir keine Hand, sie hört nicht auf mich", klagte Marius. Ein anderes Kind führte meine Tochter schließlich ab und übergab sie mir.

Jetzt kam die große Szene: Jette schrie. Sie weigerte sich, nach Hause zu gehen.

2. Ein Pflaster für alle 💬

Ich befürchte, meine Kinder sind kleine Weicheier. Wie ich: Sie können kein Blut sehen. Sobald ein Kratzer auf ihre zarte Haut kommt, beginnen sie, herzzerreißend zu weinen. Ihre Augen werden rot, und es fließen Tränen über ihre Wangen. Meistens muss ich mich zusammenreißen, um nicht mit zu weinen. Ist ja wirklich schlimm, so ein Kratzer. Klein, blutig, fies, es zieht irgendwie. „Blut! Ein Pflaster", wimmert Marius dann immer, und ich eile zum Notfall-Schrank. Der steht im Badezimmer. Und weil ich nicht so groß bin, muss ich mich auf die Zehen stellen, um ans Pflaster zu kommen.

Pflaster helfen. Sobald sie auf den fiesen Kratzerchen kleben, versiegen die Tränen. Weil das so ist, bekam Marius eine Pflaster-Box geschenkt. Das ist der kleine Bruder des Flachmanns, nur eben kindgerecht ohne Schnaps, ganz harmlos und nützlich. In der Box sammelt mein Sohn Pflaster aller Art: mit Bärchen, Mäusen, Monstern und Dinosauriern. Je nach Grad der Verletzung wählt er dann eines aus.

Sein Pflaster-Flachmann ist mit Dinos bedruckt. Das soll ihn daran erinnern, dass es größere Katastrophen gibt als Kratzer. Zum Beispiel eben Dinosaurier-Zähne. Er packt das Pflaster selbst aus, klebt es sorgfältig auf die Wunde und atmet erleichtert durch. Nach etwa drei Minuten popelt er es vorsichtig ab, um zu sehen, ob immer noch Blut da ist. Ich stehe ihm stets bei, streichle seine vom Schmerz feucht gewordene Hand.

Er ist eben auch nur ein kleiner Mann und freut sich über mitfühlende Gesten.

Nun hatte Marius seine erste ernst zu nehmende Wunde. Er saß mit seinem besten Freund Julius im Sandkasten, und Julius griff nach einem seiner Bagger. „Nein, den brauch ich", schimpfte Marius und hielt den Bagger am anderen Ende fest. Er braucht immer alles, mein Sohn. Auch wenn es zuvor lange Zeit unbeachtet in irgendeiner Ecke Staub angesetzt hat. Wie jetzt eben dieser Bagger.

Marius zog, Julius zog auch. Weil Julius stärker ist, zog mein Sohn den Kürzeren. Er stürzte und hatte sich zu allem Unheil den Zeigefinger am Bagger eingeklemmt. Weil das Blut heraus spritzte, weinte er jämmerlich. Julius ebenfalls, weil er erschrocken war. Traurig drehte sich Julius um und wollte nach Hause gehen. Weil Marius das unter allen Umständen verhindern wollte, vergaß er seinen Schmerz, rannte ihm hinterher und umarmte ihn. Julius bekam den Bagger, Marius einen Verband. Er ließ den verletzten Finger aus dem Spiel und hielt ihn repräsentativ nach oben. Jeder konnte diesen Finger sehen, konnte sehen, wie tapfer mein Sohn trotz aller Umstände weiter spielte. Ab und zu erkundigte sich Julius nach seinem Befinden. Eine echte Männer-Freundschaft.

Es kam der Tag, an dem sich auch Jette, meine Tochter, ihre erste große Schramme zuzog. Dummerweise war das an ihrem ersten Tag im Kindergarten. Weil sie als Neuling von mehreren Kindern an den Händen geführt wurde und jedes ein anderes Tempo lief, stolperte sie. Beide Knie blutig. Man konnte es sehen, sie trug kein Pflaster. Ich fürchte, Jette hat jämmerlich geweint. Denn sie weint schon, wenn sie Blut auf der zarten Haut ihres Bruders sieht – ein Akt der Solidarität.

„Sie wollte kein Pflaster", erklärte mir ihre Erzieherin. Als wir daheim waren, verlangte meine Tochter dann doch ein Trostpflaster. Allerdings sollte ich es auf ihren unverletzten Finger kleben.

3. Schnulli auf Reisen 💬

Urlaubsgepäck kann Männer nervös machen. Ich beobachte das neuerdings an meinem Mann. Vater zweier Kinder, studiert, läuft auf zwei festen Beinen durchs Leben. Und jetzt schaute er hilflos zu, wie ich die Sachen für unsere Mallorca-Reise zurechtlegte. Bagger, Eimer, Schaufeln, Förmchen, Schwimmärmel, Gießkanne – alles jeweils doppelt, damit Marius und Jette friedlich bleiben. Der Berg wuchs und wuchs, jeden Tag ein bisschen mehr. Das Gute daran ist, dass so eine Gießkanne nur ein paar Gramm wiegt und wir 80 Kilo in den Flieger stopfen dürfen, ohne einen Cent mehr zu zahlen.

„Und die Kinder-Autositze willst du auch mitschleppen?" fragte mein Mann. Seine Stimme klang etwas angespannt. Da war dieser nörgelnde Unterton, der nur für Ehefrauen gedacht ist. Ein Fremder würde ihn nie bemerken. Aber ich wohl, ich höre ihn ständig, er dröhnt in meinen Ohren.

Ja, natürlich wollte ich die Sitze mitnehmen, für den Leihwagen. Denn mallorquinische Autovermietungen haben die unangenehme Nebenwirkung, dass die Kindersitze etwa genauso viel im Verleih kosten wie das Auto selbst.

Man redet ja auch im Büro viel von Urlaub, sobald man den Urlaubsschein eingereicht hat. Und davor. Und danach, wenn man den ersten Tag wieder auf seinem ergonomischen Drehstuhl sitzt. Ist ja so ein schönes Thema, Urlaub. Zumindest, wenn man selbst verreist.

An meinem letzten Arbeitstag erklärte ich meinem Kollegen Lutz, dass ich nur noch meine Sachen packen müsste und deshalb jetzt recht entspannt sei. „Für mich würde theoretisch ein mittelgroßer Rucksack genügen, weil ich nur bisschen Wechselwäsche und meine lila Gummi-Sandalen brauche", erklärte ich. Lutz sagte, dass er das gut findet. Denn seine Frau wiederum würde alles Mögliche einpacken, wenn sie mit ihrer Tochter verreisen. Für andere Touristen seien er, seine Familie und ihr Gepäck ein beliebtes Fotomotiv. Weil sie so viel brauchen in diesen paar Tagen, sich von nichts trennen können in den Ferien. Ich erklärte ihm, dass wir zu viert mit zwei Koffern auskommen. Und ein bisschen Sperrgepäck, ein bisschen.

Den Rest verschwieg ich. Streng genommen reisen wir mit vier Koffern, da Marius und Jette Kinder-Trolleys besitzen. Die zählen aber meiner Meinung nach nicht, weil die klein und mit Spielzeug vollgestopft sind. Natürlich wären sie verzichtbar. Aber sollte ich mich deshalb den ganzen Urlaub lang schlecht fühlen, weil dieser kleine, unschuldige Junge mit leeren Händen auf dem Flughafen steht, während andere Kinder zufrieden ihre Bob-der-Baumeister-Koffer hinter sich herziehen? Das geht nicht, bringt doch keine übers Mutterherz.

Was der Elster ihr Nest, ist meinem Sohn sein Koffer. Leider hat er eine ausgeprägte Schwäche für Schnulli. Oder Nippes. Oder Müll. Andere sammeln am Strand Muscheln, und er trägt als Mitbringsel am liebsten Einweg-Produkte zusammen. Bedruckte Servietten, Zahnstocher, Trinkröhrchen. An der Strandbar schenkte ihm eine Frau ihren Papp-Kaffeebecher, weil sie beobachtet hatte, dass sich Marius diesen Becher von Herzen wünschte. Jetzt liegt der Becher, mit Meerwasser ausgespült, in seinem Koffer. Demnächst werde ich ihn heimlich wegwerfen – ebenso wie das abgeschnittene Fernsehkabel, das sich Marius von Opa Siggi erbettelt hatte.

Wenn wir wieder mal verreisen, nehmen wir weniger Gepäck mit. Nicht, dass das sein müsste, wir haben noch Stauraum. Noch viele Frei-Kilos. Aber es wird sich nicht vermeiden lassen, dass unsere Koffer leichter werden. Wofür wiederum Jette gesorgt hat: Nach dem Urlaub stopfte ich die erste Ladung Schmutzwäsche in unsere Waschmaschine, dann packten wir weiter aus. Heimlich schlich sich Jette an die Waschmaschine spielte an den Knöpfen und machte so die Feinwäsche zu Kochwäsche. Machte aus 30 Grad 90 Grad.

Passt jetzt alles der Dolly, ihrer Stoffpuppe.

4. Mein brutaler Hausarzt 💬

Es gibt Ärzte, bei denen macht man nichts verkehrt, wenn man ein bisschen Angst hat vor ihnen. Kaum sitzt man auf ihrer Pritsche, beginnt das Unheil. Man wird mit spitzen Nadeln gestochen, sodass man fürchtet, das Blut spritzt, oder man bekommt im Mund herum gebohrt, verfolgt von schlimmen Geräuschen. Oft sieht man es ihnen nicht an. Manchmal sehen diese Leute so nett aus, dass man glaubt, sie würden in ihrer Freizeit wandernden Kröten über die Straße helfen. Und kaum hat man das zu Ende gedacht, bohren sie dir eine Nadel in den Arm und saugen dein Blut ab. Natürlich ist mir klar, dass Gesundwerden nicht immer schmerzfrei ist. Ich finde es nur ungünstig, wenn man gesund ist und von seinem Hausarzt trotzdem bedoktort wird. „Mir geht es gut, ich fühle mich so gut. Bitte nicht." Solche Worte schrecken manche nicht ab, wenn sie diese Sache zu ernst nehmen.

Meine Tochter ist so ein Fall. Klein, aber unberechenbar. Jette, zwei Jahre alt, streichelt in ihrer Freizeit gerne Kröten und Schnecken. Aber wenn sie ihr Stethoskop aus rotem Plastik umhängt und zu

Zombi-Doktor-Jette mutiert, bekomme ich Angst. Das begann, als sie den Arzt-Koffer meines Sohnes entdeckte. Eine Zeit lang bearbeitete sie ihren Nasenbären Gisbert und ihre Stoffpuppe Dolly mit ihren Doktorspielchen. Die hielten still, als sie die Spritze ansetzte. Eines Tages beschloss Jette, sich an einem Menschen zu versuchen. Ich opferte mich, war ja kein anderer da. Außer ihr Bruder, doch der würde sich wehren. Kann ja nicht so schlimm sein bei Plastik-Pinzetten und einer 85 Zentimeter großen Puppen-Ärztin, glaubte ich. Ich legte mich auf den Fußboden, und Jette rammte mir eine Plastik-Spritze in den Bauch. Sie rammte und rammte. Marius begann, sich für die Szene zu interessieren.

„Brauchst du einen Hammer?" fragte mein Sohn.

„Ja. Hammer", antwortete Doktor Frankenstein Junior gierig und griff nach dem Werkzeug. „Was habe ich denn?", fragte ich.

„Psst", sagte Jette. Sie wollte nicht über meine Krankheit sprechen.

Marius holte seinen Werkzeugkoffer und reichte seiner Schwester vorsichtshalber auch noch Akkuschrauber, Bohrmaschine und Kettensäge. Jette probierte alles an mir aus. Ich winselte um Gnade.

„Du hast es gleich geschafft", beruhigte mich Marius und wedelte mit der Spachtel vor meiner Nase. Doch Jette befahl mir, noch liegen zu bleiben. Sie sägte an meinen Armen herum und gab mir mindestens 50 Spritzen. Ich weiß, sie meinte es gut. Am Ende bekam ich ein Gummibärchen.

Danach hatte Doktor Marius Sprechstunde. Drei Jahre alt und medizinisch etwas erfahrener als Jette. Weil er mir keine weitere Untersuchung zumuten wollte, nahm er sich Jette vor. Ich sorgte mich um das Wohl meiner Tochter, Marius ist ein Raubein. Doch er untersuchte seine Schwester sanft und streichelte ihr zwischendurch sogar den Kopf. Und obwohl sich Jette mit Geschrei gegen Arztbesuche wehrt, ließ sie alles über sich ergehen. Jette leidet an einer Arzt-Phobie, und ich ahne warum: Befürchtet sie, irgendwann auf einen Doktor zu treffen, der an ihr so rücksichtslos experimentiert wie sie selbst an ihrer Mutter?

Es ist jetzt spät abends, und ich beende gerade meinen Kontrollgang durch die Kinderzimmer. Ich hüpfe auf einem Bein von Jettes Bettchen auf den Flur, einen stummen Schrei auf den Lippen.

Selbst im Schlaf muss man vor Doktor Jettes Untersuchungen Angst haben. Ich bin auf die rote Plastik-Spitze getreten, die in ihrem Zimmer herumlag.

5. Ich maskiere mich 💬

Ins Badeschränkchen übernächtigter Mütter gehört Anti-Falten-Creme. Unbedingt. Sonst bekommen die Kinder Angst. Meine Anti-Falten-Creme war nun alle. Sie reichte gerade noch aus, um sie ein letztes Mal dünn aufs Gesicht zu massieren, dann war Ebbe im Creme-Töpfchen. Nur noch ein Hauch von Fett darin, zu wenig, um die Abnutzungserscheinungen der vergangenen Monate zu übertünchen.

Da mein Mann in die Drogerie wollte, bot er mir an, neue mitzubringen. Selbst benutzt er keine Creme, heimlich meine, glaube ich. Kennt sich nicht aus mit der Philosophie hinter diesen Produkten und den Hoffnungen, die Leute meinesgleichen damit verbinden. Stattdessen rief er mich vom Creme-Regal aus an und klagte über den Preis: „Ganz schön teuer. Fünf Euro wollen die für das bisschen Zeug!"

„Die? Hast du eine Ahnung, wie ich ohne die aussehen würde?"

„Vermutlich nicht anders als mit …"

Was sagt man dazu? Ist es ihm das nicht wert, etwas länger zu arbeiten, damit die Mutter seiner Kinder nicht irgendwann aussieht wie diese Falten-Hündchen? Oder wie ein verschrumpelter Apfel, den man im Obstkörbchen vergessen hat? Aber manchmal ist es besser, den Mund zu halten. Das tat ich auch.

Die Wahrheit sieht so aus: Für fünf Euro macht sich die Kosmetik-Industrie keine ernsthaften Gedanken um meine Falten. Sie hat sich nicht mal die Mühe gemacht, den tröstenden Zusatz „Anti Aging" auf die Verpackung der Creme zu drucken, die mein Mann mir kaufte. Allein das Versprechen, Gesichter zu glätten, kostet ein paar Euro extra. Es ist nicht so, dass ich an Zauber-Cremes glaube. Aber ich bin jetzt in einem Alter, in dem man nichts unversucht lassen sollte.

Ich werde dieses Gefühl nicht los: Die Anzahl meiner Haut-Unebenheiten nimmt proportional zur

Anzahl der schlaflosen Nächte, die ich an den Betten von Marius und Jette verbringe. Deshalb laufe ich in letzter Zeit morgens mindestens einmal pro Woche mit Gesichtsmaske herum. Ich schmiere mir weißes Zeug ins Gesicht in der Hoffnung, danach auszusehen, als hätte ich gut geschlafen. Es gibt solche Masken für jede Lebenslage: Poren verfeinernd, erfrischend, mit vielen Vitaminen, zur Entspannung, zum Wohlfühlen mit Himbeerduft. Ich bevorzuge Päckchen, auf denen was von Falten steht, die angeblich zu 89 Prozent gemindert werden. Klingt doch gut.

Und wenigstens verschwende ich keine Lebensmittel. Ich kann mich nämlich gut daran erinnern, dass sich meine Mutter ganze Quarkpackungen ins Gesicht kleisterte und ihre Augen unter Gurkenscheiben versteckte, als sie in meinem Alter war. So etwas mache ich nicht. Ich esse Quark.

Neulich morgens kam ich aus dem Bad, und Marius und Jette lachten mich aus: Ich hatte eine neue Maske ausprobiert. Sie war faltenreduzierend speziell für Augen und Lippen. Dummerweise sah ich aus wie das Negativ eines Pandabären – ich hatte weiße statt schwarze Augenringe. Weil ich mich in meiner neuen Rolle als Witzfigur nicht wohlfühlte, wischte ich mir das Gemisch aus dem Gesicht. Ich werde Masken jetzt nur noch im Notfall tragen, also wenn ich weniger als drei Stunden Schlaf hatte. Dann werde ich mich im Bad einschließen und so lange dort warten, bis ich sie wieder runterwischen kann. Ansonsten konzentriere ich mich lieber auf Anti-Falten-Creme, aber da habe ich ja zurzeit leider keine. Nur normale Creme. Ohne Anti-Aging-Versprechen. Einfaches, weißes Zeug, das man sich ins Gesicht massieren sollte.

Vielleicht dachte mein Mann, ich habe so was noch nicht nötig. Aber wahrscheinlich ging es ihm wie mir, als ich für meine Schwiegermutter Creme kaufte: Die Verkäuferin empfahl mir welche für „sehr reife Haut", als ich ihr erklärte, wie alt meine Schwiegermutter ist. Ich entschied mich lieber für normale Anti-Falten-Creme. Ich wollte keinen Familienstreit provozieren.

6. Opas Nase liebt Stoff 💬

Wenn Opa Siggi Schnupfen hat, greift er siegessicher in seine rechte Hosentasche. Von dort zieht er dann ein Taschentuch heraus, das er feierlich auffaltet. Das Taschentuch immer aus Stoff, gebügelt und meistens kariert, in dezenten Opa-Siggi-Farben, dunkelblau oder braun in verschiedenen Nuancen. Und meistens ist das Taschentuch älter als ich. Bei Opa Roland, meinem Schwiegervater, ist das ähnlich. Auch ihn beobachte ich, wie er ein Nostalgie-Taschentuch aus dünner Baumwolle aus der Hose zieht und damit das Schnäuz-Ritual einleitet.

Lange habe ich vermutet, das sei so eine Generationen-Geschichte. Die Älteren nehmen Stoff, die Jüngeren Papier, weil sie keine Taschentücher waschen wollen. Aber so einfach ist das nicht. Wahrscheinlich wird die Liebe zum Stofftaschentuch vererbt über das männliche Y-Chromosom.

Nehmen wir den Gen-Pool unserer Familie als Beispiel: Mein Sohn Marius hat zwei vorbelastete Großväter, Opa Siggi und Opa Roland. Als ich neulich von der Arbeit heim kam, zeigte er mir stolz sein erstes Stofftaschentuch. Es war ein Kindertaschentuch mit einem gelben Bären drauf. Ein Geschenk von Opa Siggi, das ursprünglich mir gehört hatte.

Ich erschrak ein bisschen darüber. Das Taschentuch erinnerte mich an meinen Schulanfang. Und am Tag meiner Einschulung begann ich, eine Abneigung gegen Stofftaschentücher zu entwickeln. Ich hatte mir damals einen Monchichi gewünscht, so ein West-Äffchen mit Sommersprossen im Plastik-Gesicht, dessen rechten Daumen man in den Mund stecken kann. Die waren sehr beliebt, als ich zur Schule kam. Statt des Monchichis lag in meiner Zuckertüte eine Mappe aus Dederon, zwischen die Kinder-Stofftaschentücher gepresst waren. Darüber konnten wir sechsjährigen DDR-ler uns wirklich nicht freuen, liebe Omas und Tanten.

Das mit dem gelben Bärchen war auch dabei in meinem Dederon-Mäppchen. Jahrzehntelang war es verschwunden, und jetzt liegt es regelmäßig in meinem Wäschekorb. Weil Opa Siggi sah, wie viel Freude ein kleiner Junge mit einem Stofftaschentuch haben kann, brachte er ein paar Tage später die gesamte Dederon-Mappe mit. Er hatte es nicht übers Herz gebracht, sie wegzuwerfen. Und Marius war sehr,

sehr glücklich. Manchmal holt er seine Taschentücher aus dem Schrank und legt sie nebeneinander auf den Fußboden, um sich die Bilder anzuschauen.

Oma Gis versucht, mich zu missionieren: „Probiere sie doch wenigstens mal aus, Stofftaschentücher machen die Nase nicht so wund." Aber ich bleibe hart, äußerlich zumindest.

Vielleicht sollte ich meine Einstellung überdenken. Stoff ist vermutlich besser als sein Ruf in meiner Generation. Als ich unsere dunkle Wäsche jetzt aus der Maschine nahm, klebten an jedem Teil weiße Flusen. Ich hatte versehentlich ein Papiertaschentuch mitgewaschen. Mein Kollege Thomas, der eine Schwäche für Papierprodukte hat, will mich vor schnellen Entscheidungen bewahren. Er sagt, er habe für solche Fälle Fussel-Bälle. Die will er mir mal zur Ansicht mitbringen. Von dem Vorfall habe ich sonst niemandem erzählt, außer Thomas, von dem ich weiß, dass er mich versteht.

Opa Siggi hat heute Geburtstag. Es war gar nicht so einfach, sein Geschenk aufzutreiben. Stofftaschentücher.

7. Ein Bett für alle 💬

In Ordnung ist das nicht. Ich meine: Warum stellen die Leute für ihre Kinder Betten auf, wenn nachts alle gemeinsam im Ehebett schlafen? Mutter, Vater, Kinder, alle auf zwei Matratzen gepresst. Die Kinder gemütlich in der Mitte, Mutter und Vater an die Ränder gedrückt.

Ich kenne Härtefälle. Da wird der Sekt aufgemacht – nicht, weil der Kleine jetzt nachts in seinem Zimmer durchschläft. Nein, weil es der Kleine endlich schafft, nachts alleine ins Ehebett umzuziehen. Er funkt nicht mehr übers Babyfon, dass er nun bereit wäre, geholt zu werden für die nächste gemeinsame Nacht, sondern er klemmt sich seinen Esel unter den Arm, schleicht sich ins Schlafzimmer. Selbstständig. Und drückt seinen Körper zwischen die Eltern. Kickt sie mit den Beinen beiseite. Stößt sie mit den Armen an den Abgrund.

Für Opa Roland sind solche Eltern Gesetzesbrecher. Ich wusste nicht, dass er so hart sein kann. Aber wenn Opa Roland eine Meinung hat, dann lässt er sich nicht davon abbringen: „Es gibt seit 1745 oder 1746 ein Gesetz, das sagt, dass Kinder nicht im Elternbett schlafen dürfen", sagte Opa Roland, als wir das Thema in der Familie ausgeschlachtet haben.

In solchen Situationen schweige ich, weil Opa Roland pensionierter Kinderarzt ist. Ich schweige öfter, wenn ich überflüssigen Diskussionen aus dem Weg gehen möchte.

Obwohl ich mich frage, in welchem Gesetzbuch ich danach suchen könnte. Im Grundgesetz ja eher nicht. Das wüsste ich, wenn es dort eine Passage gäbe mit dem Wortlaut „jeder gehört in sein eigenes Bett". Aber vielleicht gibt es eine Novelle, von der ich nichts weiß. Artikel 1, neue Fassung:

„Die Würde des Menschen ist unantastbar. Auch die des kleinen Menschen, wenn er nachts ins Ehebett geholt werden möchte."

Opa Rolands alter Chef habe das immer erzählt. Allerdings sprach der Chef von Säuglingen, die nicht ins Elternbett gehören. Opa Roland hat sich das Gesetz ein bisschen zurechtgeformt, vermute ich. Er wendet es auf alle Kinder an.

Mein Mann erklärte während dieser Diskussion stolz, dass Marius und Jette nirgendwo lieber ruhen als in ihren eigenen Betten, die wir für sie gekauft und zusammengeschraubt haben. Nee, für ihn ist das nichts – dass nachts kleine Füße in seinem Gesicht liegen. Ob er selbst früher in die Besucherritze kroch, wurde nicht diskutiert. Ich hielt mich dort schon ab und zu auf. Allerdings gegen den Willen meiner Mutter. Sie erfand Geschichten, um mich aus ihrem Bett zu vertreiben: Eltern nehmen ihren Kindern nachts die Kraft, erzählte meine Mutter. Ich würde bei ihr im Bett nicht wachsen und für immer winzig bleiben. Wie sich später herausstellte, war es eher umgekehrt, denn meine Mutter reicht mir nur bis zum Kinn. Obwohl ich kein Riese bin. Oder sie ist in der Besucherritze aufgewachsen.

Wir sprachen über vollgestopfte Elternbetten, während Marius und Jette friedlich schliefen. Wie kleine Engel lagen sie auf ihren Matratzen. In der Nacht ließ mich ein Schrei aufschrecken. Marius. Ich ging in sein Zimmer, streichelte ihn und bat ihn, weiterzuschlafen. „Aber nicht immer nur in meinem Bett", schimpfte er. Nach einer längeren Diskussion klemmte er seinen Hasen Wombel unter den Arm und folgte mir ins große Bett. Seitdem zieht er nachts regelmäßig um. Nicht immer, aber ab und zu.

Irgendwie scheint Jette das trotz ihres zarten Alters gemerkt zu haben. Auch sie hat in den vergangenen Wochen mehrere Nächte in unserem Schlafzimmer verbracht. Jette ist eher der Typ, der ungern Ärger provoziert. Deshalb hat sie eine Grauzone im Opa-Roland-Gesetz gefunden: Sie liegt nicht im Elternbett, sondern direkt auf mir drauf.

Opa hat nicht gesagt, dass Kinder nicht auf ihren Müttern schlafen dürfen.

8. Alles muss raus 💬

Mein Mann hat Angst vorm Paketdienst. Wenn unsere Päckchen-Botin Andrea mit ihrem weißen Hundefänger-Auto unsere Straße entlangfährt und er sie sieht, versteckt er sich. Er stellt sich neben das Küchenfenster und beobachtet heimlich, was Andrea macht. Wenn sie ihren Hundefänger vor unserem Fenster parkt, schnapt sein Puls hoch. Er atmet flach, duckt sich, will die Klingel abstellen. Manchmal hat er Glück, und Andrea klingelt nur bei unseren Nachbarn.

„Brauchen wir das wirklich alles?" fragt er, wenn sie leider doch bei uns geklingelt hat.

Er muss dann ganz stark sein: „Ja", antworte ich.

Kurz und bestimmt, denn Diskussionen lohnen sich da nicht. Marius und Jette sind aus ihren Kleidern herausgewachsen. Ich habe zu wenig Zeit, um ihren Bedarf mit ausgiebigen Einkaufsbummeln zu decken, und fülle ihre Kleiderschränke deshalb oft übers Internet auf. Andrea bringt mir die Sachen dann direkt an die Tür, wofür ich ihr sehr dankbar bin.

Mit solchen Päckchen gehen immer Ausmiste-Aktionen in den Kinder-Kleiderschränken einher. Dabei hat mir Jette jetzt zum ersten Mal geholfen. Es war Sonntagmorgen, und Marius fuhr mit seinem Vater Fahrrad. Wir waren also allein. Niemand da, der Jette ablenken konnte. Schweren Herzens sortierte ich ihr graues Kleidchen aus, in dem sie vergangenen Herbst ihre ersten Schritte gemacht hat. Und die enge, dunkelblaue Jeans, die noch nicht mal ein Loch hat an den Knien. Auch das Lieblings-Shirt meines Sohnes kam in die Kiste. Er liebt es, weil der Teddybär auf der Brust quietschen kann. Oder besser konnte. Leider hat Jette das T-Shirt vor kurzem in der Waschmaschine gekocht. Sie hatte heimlich an den Knöpfen gespielt und aus der Feinwäsche Kochwäsche gemacht. Jetzt schweigt der Teddy, und das Shirt reicht nur noch bis zu Marius' Nabel.

Während ich in Erinnerungen versank, versank Jette in der Kleider-Kiste. Sie grub alte Schlüpfer von Marius aus, zog sie über den Kopf und trug sie wie einen Schal am Hals. Über ihren linken Arm streifte sie eine pinkfarbene Baby-Jacke. Der Rest der Jacke baumelte ziellos herum, aber das war Jette egal. Selbst für die Socken hatte sie eine Verwendung. Sie legte die Socken-Bälle in eine Reihe und erklärte, das sei eine Schlange. So hart es klingt: Jette war keine große Hilfe beim Aussortieren.

Am Mittagstisch trug sie immer noch den Schlüpfer als Schal, sie kann sehr selbstbewusst sein.

„Du siehst nicht schön aus", sagte Marius zu ihr.

Sie: „Doch!"

Er: „Nein!"

Sie: „Doch!"

Dann beendete ich die Diskussion und erklärte Marius, dass er sich besser mal an die eigene Nase fassen sollte. „Warum?" fragte er beleidigt und kratzte sich am Kopf. Vermutlich juckte es ihn dort, weil er schwitzte. Ich erklärte ihm, dass eine Wollmütze bei 22 Grad Zimmertemperatur auch nicht besser aussieht als ein Schlüpfer-Schal.

9. Grimms Märchen 💬

Mein Sohn ist jetzt genau vier Jahre alt. Zeit, sich den Tatsachen zu stellen. Ich befürchte, er wird später Journalist. Wird mich in zehn Jahren betteln, ein Praktikum bei der Zeitung machen zu dürfen und bestenfalls nach seinem fünften Bericht über Rassekaninchen-Ausstellungen von seinem Berufswunsch Abstand nehmen und eine Beamtenlaufbahn anstreben.

Für meine Theorie gibt es Indizien. Erstens: Er hat mindestens ein halbes Jahr lang hartnäckig die Frage recherchiert, wie Wasser in den Wasserhahn kommt und Kläranlagen funktionieren. Halbwissen ließ er nicht gelten. Er forderte lückenlose Aufklärung – so lange, bis er alles darüber wusste.

Zweitens: Er entdeckt Ungereimtheiten in den Märchen der Brüder Grimm. Opa Roland meinte es gut und schenkte Marius eine „Frau Holle"-Originalfassung. Da springt das Mädchen, das später zur Goldmarie wird, in einen Brunnen und landet bei Frau Holles Haus. Wenn sie dort die Betten aufschüttelt, schneit es auf der Erde. Sehr unlogisch, findet Marius. „Wie kann Schnee vom Himmel fallen, wenn das Mädchen unter der Erde Kopfkissen schüttelt?" fragt er immer, wenn Marie in den Brunnen springt.

Meine Antwort: „Solche Sachen gibt es nur in Märchen."

„Warum?"

Ich habe versucht, ihn mit anderen Büchern abzulenken, doch er lässt nicht locker. Inzwischen habe ich Angst vor Frau Holle. Es sollte eine zweite Fassung geben, in der es zum Beispiel von unten nach oben schneit oder Goldmarie in eine Windhose gerät und von ihr ihn den Himmel getragen wird. Das wäre logischer, irgendwie.

Drittens: Im Kindergarten sagte seine Erzieherin, dass Marius von allen Kindern seiner Gruppe die Frage „Warum?" am häufigsten benutzt. Diese Frage eignet sich gut, Leute aus der Fassung zu bringen.

Diese Tatsachen lassen die Vermutung zu, dass er später in die Medienbranche geht. Jetzt beginnt mein Sohn, sich Geschichten auszudenken. Zum Beispiel die der toten Maus. Sie handelt von einer Maus, die mausetot auf dem Fußweg vor unserem Haus lag. Marius sah sie und erklärte mir, die Maus hatte Zahnschmerzen. Und weil sie Zahnschmerzen hatte, konnte sie nicht so schnell zum Zahnarzt laufen. Als sie dann vor der Praxis ihres Zahnarztes stand, war die schon zugeschlossen. Da kam die Katze, fing die Maus und legte sie auf unseren Fußweg.

Mein Sohn fragt ständig warum und hat eine lebhafte Fantasie – heißt das, er wird Boulevard-Journalist? Ich beschließe, für die nächsten Jahre nicht weiter über das Thema nachzudenken. Immerhin hat er noch knapp drei Jahre Kindergarten vor sich, und in dem Alter muss man sich wirklich noch nicht festlegen lassen.

Marius sollte sich jetzt in das Freunde-Buch eines anderen Kindes eintragen. Das sind Büchlein, in denen zu jedem Kind ein Steckbrief ausgefüllt wird. Eine Frage lautete: „Was willst du später werden?" Ich musste nicht lange überlegen, was ich im Auftrag meines Sohnes dort antworte – „glücklich".

10. Kinderfreie Partyzone 💬

Ich gebe es ungern zu, aber ich bin zur Glucke geworden. Das ist eine Henne, die ihre Brut nicht aus den Augen lässt. Sie gluckt und gluckt und gluckt. Wie ich, nur eben mit Eiern.
Marius hat bisher erst zweimal bei Oma geschlafen. Einmal, weil es nicht anders ging, weil wir dienstlich verreisen mussten. Und einmal, weil er unbedingt auf Oma Karlas Dachboden schlafen wollte. Schweren Herzens ließ ich ihn beide Male ziehen. Jette hielt ich immer in meiner Obhut. Gluck, gluck.
Jetzt habe ich es zum ersten Mal zugelassen, unsere Kinder über Nacht auszuquartieren. Freiwillig. Ich rief Oma Gis an und sagte:
„Du kannst sie dir holen."
Weil sie sich das schon lange gewünscht hatte, war Oma Gis sehr, sehr glücklich.
Eine Stunde später rollten Marius und Jette mit ihren Koffern im Opa-Auto vom Hof. Die Wahrheit ist, wir wollten Geburtstag feiern. Und zwar mit Gästen, die weder Windeln noch Schnuller brauchen und keine Milchzähne mehr haben. Mit Gästen, die verkatert

auf dem Sofa schlafen und uns nicht morgens um sechs mit Spielzeug-Hühnern überfallen. Wir wollten feiern und laut sein und ausschlafen, ehrlich gesagt. Der erste Teil klappte gut. Niemand wollte eine Geschichte vorgelesen bekommen. Niemand weinte. Niemand schmierte mit Gummibärchen herum. Niemand Schokolade an die Wand.

Während wir am Esstisch Erwachsenen-Gespräche führten, saßen auf dem Sofa die halbwüchsigen Söhne unserer Freunde. Sie hatten sich eine DVD mitgebracht, um den Abend zu überstehen. Der Film hieß „Fast and Furious". Im Groben geht es darum, dass Autos Unfälle bauen.

Am nächsten Tag saßen wir um elf am Frühstückstisch.

„Rufst du mal an, ob sie schon losgefahren sind?" bat mein Mann. Marius und Jette sollten zum Mittagsschlaf wieder daheim sein.

„Die kommen schon", sagte ich und biss in mein Brötchen.

Ich trug meine guten Sachen. Es saß ja niemand neben mir, der seinen Leberwurst-Mund an meinem Ärmel abwischt, nur weil er mich liebkosen möchte.

Eine Stunde später klingelte es an der Tür. Marius und Jette zogen ihre Koffer in den Flur und erklärten Oma Gis zu einer geeigneten Anlaufstelle für langweilige Samstagabende. Oma Gis dagegen sah müde aus und beinahe verwahrlost. Sie war ungekämmt und trug einen schmutzigen Pulli – Oma Gis sah aus wie ich am Sonntagmittag.

Es stellte sich heraus, dass Oma Gis mit den Füßen ihrer Enkel im Gesicht schlecht schlafen konnte.

„Hattet ihr nicht eine Feier? Es sieht so sauber aus bei euch", sagte Oma Gis verblüfft, als sie unser Wohnzimmer betrat. Ja, und wir haben erst um elf gefrühstückt. Aber davor haben wir die Spülmaschine aus- und wieder eingeräumt, alle Zimmer gewischt, Staub gesaugt, Blumen gegossen und Fenster geputzt. Wir konnten auch nicht schlafen, gluck, gluck.

11. Der quäkende Engel 💬

„Sieben, acht, neun, zehn. Jette ausgelaaaafen. Maa-Maa!" Ich rühre mich nicht. Nicht reagieren und still sein, vielleicht ist sie nur kurz aufgewacht und schläft wieder ein. „Mama, Jette ooolen."

Ich atme leise in mein Kissen und ziehe die Decke hoch bis zum Kopf. Denn im Gegensatz zu meiner Tochter würde ich gerne noch eine Weile hier liegen bleiben. Einfach so im Bett. Es ist warm, die Augen sind noch zu, und Hunger habe ich auch nicht. Außerdem ist Sonntag.

Natürlich könnte ich jetzt auch vor mich hinschimpfen. Jette ist nur in Form ihres Babyfons in unserem Schlafzimmer vorhanden. Jette selbst liegt zwei Türen entfernt in ihrem Kinderzimmer. Sie kann auch nicht weg dort, weil sie einen Baby-Schlafsack trägt und im vergitterten Bett gefangen ist. Keine Chance. Ich

versuche, auf meiner Uhr die Zeit abzulesen. Was das Ganze auch nicht besser macht, denn es ist noch nicht mal halb sechs.

Jette wimmert jetzt, und ich komme nicht hoch. Schließlich steht mein Mann auf, nimmt das wimmernde Babyfon, das rot leuchtet, und rot bedeutet „sehr laut" und damit Unheil. Er stöhnt auf und schleicht sich zu Jette. Ich habe Glück, wieder mal. Gut ist, dass mein Mann Angst hat, dass Marius durch Jettes Weinen zu früh aufwacht. Marius ist Morgenmuffel. Und zu frühes Aufstehen bedeutet in der Regel, er hat bis zum Mittagsschlaf latent schlechte Laune.

„Pssst", sagt mein Mann, als er in Jettes Zimmer schlüpft.

„Ja, okay", antwortet sie, so laut sie kann.

Und dann im Flur noch einmal: „Marius deidei, Mama deidei, Papa nich deidei."

So langsam bekomme ich ein schlechtes Gewissen, denn meine Tochter hatte ausdrücklich nach mir verlangt. Da habe ich schon so wenig Zeit für diesen quäkenden Engel, und morgens bringe ich es nicht einmal fertig, mich für ihn aufzuraffen. Nur noch fünf Minuten.

Ich ruhe, aber der Schlaf ist weg. Stehe auf, ziehe mich an, putze Zähne und gehe ins Wohnzimmer. Die beiden sitzen auf dem Fußboden. Neben meinem Mann steht ein Pott Kaffee, neben Jette eine Milchflasche. Jette hat schon ein Lego-Haus gebaut, ihre Kuh versorgt, Puppe Rosi mit Milch bekleckert, ihre Schnuller im Zimmer verstreut, Holz-Nudeln gekocht und die Sofakissen auf den Küchen-Fußboden gelegt.

Wie immer. So ist die Welt für sie in Ordnung.
Während wir noch durch verquollene Augen gucken
und Mühe haben, uns zu bewegen, kann so ein win-
ziger Mensch schon erstaunlich viel auf den Kopf
stellen. Und Jette ist ein Mensch der Taten. Was schon
daran zu erkennen ist, dass sie mit einem Sieben-
Acht-Neun-Zehn-Countdown aufwacht. Aber das ist
immer noch besser als „Auf die Plätze, fertig, los."
Ich setze mich mit auf den Fußboden und gebe beiden
einen Kuss. Mein Mann hat mir schon einen Cappuccino zubereitet, weil er hörte, wie ich ins Bad ging.
Warum klagt er eigentlich immer, dass er zu schlecht
weg kommt in meinen Kolumnen?

12. Ein leises „Zzz" 💬

Thomas ist mein Stubennachbar. Tagsüber bei der
Arbeit ist er im Büro nebenan untergebracht. Wenn
er zum Dienst kommt und ich schon am Schreibtisch
sitze, mustert er mich immer. Scannt mich ab wie der
Kopierer ein bedrucktes Blatt, auf der Suche nach
einem neuen Kleidungsstück.
Eine alte Angewohnheit. Als ich noch keine Kinder
hatte, war der Thomas-Scanner ziemlich oft erfolgreich. Ich verbrachte verregnete Samstage damit,
durch Geschäfte zu bummeln und Kleiderständer zu
durchwühlen. Wusste nichts anzufangen mit meiner
Zeit, als Kleiderständer zu durchforsten.

„Irgendetwas ist anders an dir. Neue Hose?" hat er mich jetzt gefragt.

„Nee, nicht neu. Nur frisch am Knie gerissen", antwortete ich.

Das sollte ich jetzt erklären, weil es sonst zu Missverständnissen kommen könnte: In meiner Freizeit verbringe ich immer noch sehr viel Zeit auf Fußböden. Ich rutsche auf meinen Knien durch eine grenzenlose Welt. Da unten gibt's nichts, was es nicht gibt. Du kannst Züge schieben, Türme bauen und Pferde und Dinosaurier gemeinsam in einen Stall stecken. Und du kannst gleichzeitig praktische Dinge tun dort unten, wischen zum Beispiel.

Ich mach das alles – jeden Tag. Denn ich gehöre zum Bodenpersonal meiner Kinder und scheuere mir nebenbei die Hosen durch. Sie reißen an den Knien. Es gibt keine Hose, die ich im Laufe eines Jahres nicht zerstöre. Oma Gis, meine Mutter, trägt sie dann in ein Frauenzentrum, das meine Jeans zum kleinen Preis flickt. Danach halten sie wieder eine Weile, bis sie über dem Flicken zerreißen. Dann trägt Oma Gis sie wieder ins Frauenzentrum, das die Hose zum kleinen Preis flickt. Und so weiter. Bis die Frauenzentrum-Frauen sagen, es gibt nichts mehr zu flicken, und meine Mutter wieder nach Hause schicken.

Mit einem leisen „Zzzz" ist jetzt meine letzte ungeflickte Jeans kaputt gegangen. Es passierte, als ich die Krümel von Jettes Abendbrot vom Boden picken wollte. Morgens hatte ich es vergessen und zog mir versehentlich die Jeans an, die noch nicht gerissen waren. Es zischte leise, und der Riss wuchs und wuchs übers gesamte Knie. Mir war das peinlich, dieser Lochfraß bei der Arbeit. Als Thomas mich auf äußerliche Neuerungen ansprach, fühlte ich mich erwischt.

In der Mittagspause schlich ich mich in den nächsten Jeansladen und erklärte, ich brauche eine neue Hose. Kurz darauf erschien zufällig mein Kollege Lutz in dem Laden, der von einem Hund in die Hand gebissen worden war und vermutlich Schutzhandschuhe suchte. Lutz schaute irritiert auf den Hosenberg, der auf meinen Armen wuchs. Er sagte, jetzt vorm Winter sollte ich mir lieber eine Mütze kaufen. Dann klingelte mein Telefon – der Thomas-Scanner.

„Wollten wir nicht Mittagessen gehen?"

Ich erklärte ihm meine Lage, und kurz danach stand auch er im Jeansladen. Thomas versuchte, mir eine Jacke einzureden. Das sei besser im Winter.

Die Verkäuferin schaute irritiert, wahrscheinlich hatte sie Mitleid mit mir. Ich ging in die Kabine und erst wieder heraus, als ich eine passende Hose anprobiert hatte. Ich nahm meine Tasche und meine kaputte Jeans und erklärte, dass ich die neue gleich anbehalte.

„Das machen doch nur Kinder", sagte Thomas.

„Ja. Kinder und manchmal auch ihr Bodenpersonal", sagte ich.

13. Diese Häufchen 💬

Der kleine Michel aus Lönneberga musste wieder einen Nachmittag im Schuppen verbringen, weil er etwas verbockt hatte. Er zog seine kleine Schwester an einer Fahnenstange hoch, damit sie das Dorf überblicken kann. Er hat es gut gemeint, der Michel. Wir sitzen auf dem Sofa und starren in den Fernseher auf „Michel".

„Wenn das alle ist, gucken wir Buch an", kommandiere ich. Keine Reaktion.

„Habt ihr mich verstanden?"

Marius: „Was'n?" Ich: „Wir schalten gleich aus und lesen."

Um vierjährige Kinder von ihrer Lieblings-Fernsehserie wegzubekommen, braucht man eine Idee. Bei uns funktioniert zurzeit noch klassische Kinderliteratur. Es ist einer der ruhigeren Abende. Beide Kinder haben gegessen, der Dreck unterm Tisch ist weggewischt.

„Erst ausziehen und Schlafzeug anziehen", erpresse ich meine Kinder.

Der Akt des Umziehens wird oft unterschätzt außerhalb der Familie, ist ja für uns Erwachsene keine große Sache. Aber mit Kindern schon. Jette wurstelt sich ihre Strumpfhose nach unten.

„Ich mach das", schimpft sie, als ich ihr helfen will.

Marius hüpft auf dem Sofa herum.

Ich: „Du bummelst."

Er: „Ich bin viel schneller als Jette."

Ich: „Okay, das geht alles von deiner Lesezeit ab."

Ein Satz mit Wirkung. Jetzt wursteln beide an sich herum. Jette ist frustriert, weil sich ihre Strumpfhose mit dem Schlüpfer verflochten hat. Sie schreit, zieht das aber allein durch. Marius schreit gleich mit, weil er Hemd und Pulli nicht gleichzeitig über den Kopf bekommt und sich das Ganze unter der Nase verklemmt hat. Das ist der Moment, in dem man als Mutter eingreift.

Jette hat die nächste Stufe erreicht. Die Strumpfhosen sind unten. Sie versucht, sich die Schlafhosen anzuziehen. Die Hose hat sie verkehrt herum gewendet, beide Beine kommen in ein Hosenbein. Ich will helfen.

„Neeeiin! Ich! Mach! Das!"

Marius trägt endlich seinen Schlafanzug, hat allerdings zwei Häufchen hinterlassen. Das eine ist ein Paket aus seinem Unterhemd und dem Pulli, das andere ein Geflecht aus seiner Strumpfhose und dem Slip.

„Das müssen wir aber ordentlich zusammenlegen. Sonst kannst du dich morgen nicht anziehen", sage ich und nehme gemeinsam mit meinem Sohn die beiden Häufchen auseinander.

Ich weiß, das werden wir morgen wieder tun und übermorgen und überübermorgen auch.

Irgendwann wird das aufhören, und ich werde mich bis dahin so an die Häufchen gewöhnt haben, dass ich sie vermissen werde. Ich glaube nicht, dass es Erwachsene gibt, die ihre Kleidung zu solchen Paketen zusammenschnüren wie mein Sohn.

Nun kommt Jette doch nicht allein weiter und bittet mich um eine Beratung. Kurz danach sitzen wir auf dem Sofa und lesen „Weihnachten im Stall". Die Weihnachtsgeschichte, denn bald ist Heilig Abend. Ich lese ganz schnell, weil sehr viel Zeit fürs Umziehen draufgegangen ist und die Kinder längst im Bett liegen sollten.

14. Rauchzeichen 💬

In unserem Wohnzimmer riecht es wie bei starken Rauchern. Irgendwann wird der Nebel so dicht sein, dass wir uns beim Frühstück aus den Augen verlieren. Die Rauchmelder werden lärmen, der Qualm wird aus den Fenstern dampfen. Aus Sorge um uns werden unsere Nachbarn die Feuerwehr rufen. Und die wird mit mehreren Fahrzeugen in unsere Straße fahren, mit leuchtendem Blaulicht und Martinshorn und durchgeschwitzten Feuerwehrmännern. Sie werden die Tür aufbrechen, durch den Qualm stapfen, Atemmasken tragend, und uns am Esstisch finden: uns und unsere vielen Räuchermänner. Irritiert werden sie das Feuer suchen, es aber nirgendwo finden. Nur ein Zipfelchen Glut im Bauch unserer Räuchermänner eben.

Ich werde dann durchatmen und zu meinem Sohn sagen: „Siehst du, das hast du nun davon."

Marius liebt Räucherkerzchen. Räuchern ist seine neue Lieblingsbeschäftigung. Obwohl ich das nicht besonders gut finde, kann ich nichts dagegen tun. Seit die Weihnachtszeit begonnen hat, sammelt er Düfte. Beflügelt von einer Leserin namens Helga, die die Geschichten des kleinen Marius gut findet und ihm einen getöpferten Räucher-Schneemann schenkte. Der Schneemann steht vor ihm auf dem Tisch, und er beobachtet, wie der dicke kleine Typ vor sich hin räuchert.

Marius besteht darauf, seine Duftnoten stets im Wechsel zu zünden. Dadurch vermischen sich Karibiktraum, Erotica, Tannenduft und Weihrauch zu einem Räucherbrei, der wie ein graues Gespenst durch unser Wohnzimmer schwebt.

Vergeblich reiße ich das Fenster auf, um es zu verscheuchen. „Lass uns heute mal nicht räuchern", sage ich zu meinem Sohn.

„Wir machen jetzt kein Räucherkerzchen an", redet mein Mann auf ihn ein.

Und Marius beginnt zu weinen, wie man nur mit vier Jahren weinen kann:

„Aber es ist doch noch Advent. Bitte", fleht er.

Und wir geben ihm Feuer.

Ich war sehr deprimiert, als mein Sohn seine Leidenschaft für die nebelnden Teilchen entdeckte. Leise fluchte ich vor mich hin: Warum spielst du nicht mit Autos? Warum musst du immerzu mehrere Päckchen von diesen Räucherkerzen herumschleppen? Mit aufs Klo, an den Esstisch und sogar vors Bett?

„Ich will nur die Schachteln angucken", antwortet Marius, wenn er mich fluchen hört. Wenigstens öffnet er die Päckchen nicht.

Ich begann, das Gute in dem Ganzen zu sehen. Mein Sohn sammelt nicht nur Düfte, sondern er sammelt die Bilder auf den Schachteln. Das fördert zwei Sinne auf einmal. Ich erinnere mich auch wieder, dass die Schachteln verschieden aussehen. Leider habe ich das 25 Jahre lang nicht wahrgenommen. Und ich erinnere mich, dass ich als Kind selbst zum exzessiven Räuchern geneigt habe. Trotzdem rauche ich nicht.

Soll mein Sohn doch diese Kegel aus Weihrauchbaum-Harz, Holzkohle und Kartoffelmehl verpaffen lassen, wenn er mir verspricht, dass er Nichtraucher bleibt. Außerdem sollte ich stolz sein auf seine Bescheidenheit. Ihm genügt es, wenn er morgens im Advents-kalender eine XXL-Räucherkerze findet.

Ich sollte wirklich lockerer werden. War das jetzt Blaulicht da draußen?

15. Schnuller in Gefahr 💬

Dies ist die Weihnachtsgeschichte eines winzig kleinen Mädchens. Das Mädchen heißt Jette, ist zwei Jahre alt und sehr, sehr brav. Eigentlich könnte sie entspannt sein und sich auf den Heiligen Abend freuen. Es gibt keinen Grund, weshalb sie sich vor einem verkleideten Mann mit Wattebart fürchten müsste.

Trotzdem klammert sich das kleine Mädchen immer an seiner Mutter fest und weint, wenn jemand vom Weihnachtsmann erzählt. Jette hat Angst, dass der

Typ ihre Schnuller holt. Das hat einen Grund: Jeder, der sie mit Schnuller sieht, stellt ihr diese eine Frage: „Na, gibst du das alte Ding dem Weihnachtsmann?" Jette empfindet diese Frage als unverschämt: Warum sollte sie einem fremden Mann ihre geliebten Schnuller schenken? Was hat sie davon?

Es gibt Zeiten, da muss sie immerzu daran nuckeln. Abends beim Einschlafen zum Beispiel. Es beruhigt sie, wenn sie ihre Schnuller bei sich hat. Die Mutter kann ihr kleines Mädchen verstehen. Sie versetzt sich dann immer in Jettes Lage. Die Mutter fände es auch unerträglich, wenn die Leute auf sie einreden würden, sie soll ihren Rotwein an den Weihnachtsmann abgeben und nie wieder daran nippen. Irgendwie gibt es da Parallelen. Jeder hat sein kleines Laster.

Nun hat das kleine Mädchen zum Glück einen großen Bruder. Der heißt Marius, ist schon einen ganzen Meter groß, vier Jahre alt und mutig. Auch er spürte die Verzweiflung seiner Schwester. Also hat er die Sache für sie geklärt. Er nahm sich auf dem Weihnachtsmarkt ein Herz und sagte dem Weihnachtsmann, was er von dem Theater um Jettes Schnuller hält:

„Hat jemand von euch noch Schnuller?" fragte also der Weihnachtsmann die Kinderschar, die ihn umkreiste. Dazu wedelte er bedrohlich mit einer Kette ausgelutschter Nuckel.

Marius: „Meine Schwester hat noch welche. Aber die kriegst du gar nicht."

„Warum nicht?" fragte der Weihnachtsmann verwundert.

„Du hast schon genügend. Bei uns kriegt der Oster-
hase alle Schnuller." So. Da war es raus.

Der Weihnachtsmann wurde unsicher und wollte den
großen Bruder ablenken. Er lobte ihn dafür, dass er
sich für seine Schwester einsetzt, und schenkte ihm
Schokolade.

„Singst du dem Weihnachtsmann ein Lied vor?"
fragte er.

„Jetzt nicht. Erst, wenn ich deine Schokolade hinter-
gekaut habe", erklärte der große Bruder und aß weiter.
Dann sang er tatsächlich, und die kleine Schwester
sang mit, wobei es bei ihr eher Sprechgesang war:
„Poch, poch, poch, Hämmerlein ..." Danach bat Marius erfolgreich um eine zweite Schokolade – für sich
und seine Schwester.

Das kleine Mädchen blieb misstrauisch. Es begann
aber, den Spieß umzudrehen. Und nun wünscht es
sich selbst etwas vom Weihnachtsmann – ein Ge-
burtstagsgeschenk.

16. Durchtrieben 💬

Manchmal denke ich, die machen das mit Absicht. Das
ist natürlich Quatsch, weil solche kleinen Menschen
noch nicht so durchtrieben und verdorben sind wie
wir. Sie wollen die Welt ausprobieren – deshalb ist
manches so, wie es ist.

Aber das mit der Schlaferei, kann das Zufall sein?

Ich weiß, ich habe schon relativ viel übers Schlafen geschrieben. Aber wenn man kleine Kinder hat, denkt man relativ häufig daran, wie schön es doch im Bett ist. Man ist so selten dort, und wenn, dann kann man nicht schlafen.

Wir sind gerade von einer Geburtstagsfeier nach Hause gekommen. Eine dreiviertel Stunde Fahrt, es ist spät geworden. Schweigend fahren wir Auto, und ich hoffe, dass die Kinder einschlafen. Stattdessen beschwert sich Marius, dass ich die Kindermusik so leise gedreht habe.

„Das bleibt so", sage ich.

Jette stört sich nicht an solchen Kleinigkeiten und singt lauthals mit:

„Kuschelhase Haaannns – ohoo hooo ...".

Das geht so, bis wir fast daheim sind. An der letzten Ampelkreuzung verstummen die Gesänge. Beide schlafen so gut sie können.

Oder nehmen wir das Wochenende. Mindestens ein Kind ist zu einer Zeit wach, die zum Aufstehen meiner Meinung nach nicht geeignet ist. Und das samstags und sonntags, sodass ich mich manchmal frage, wozu wir überhaupt ein Bett besitzen. Für die kurze Zeit, die wir darin verbringen, nimmt es eindeutig zu viel Platz weg. Vielleicht würden Luftmatratzen für uns genügen. Wir könnten das Zimmer anders nutzen, als Fitnessraum zum Beispiel, oder als Abstellkammer, denn davon kann man nie genug haben.

Und dann der Montagmorgen. Du willst zur Arbeit, es ist schon sehr spät für einen Morgen am Wochentag, aber beide Kinder schlafen noch. Und du hast Hemmungen, die Kleinen zu wecken, weil sie doch so klein sind, sich gerade jetzt ihren Schlaf holen, den sie zum Wachsen brauchen. Das ist unfair.

Mit dem Mittagsschlaf ist das auch so eine Sache. Mein Sohn liegt dann im Bett, macht eine Pieps-Stimme und unterhält sich mit seinem zerliebten Kuschelhasen Wombel.

„Schlaf, du bist doch ganz müde", sage ich, und er fragt, woher ich das wisse.

Um zwei schläft er ein. Schläft um drei noch, um vier noch, schläft bis ich ihn wecke. „Warum ist es schon dunkel?" fragt er nach dem Nickerchen verwundert. Warum konntet ihr nicht diese eine Minute noch durchhalten? Genau das frage ich mich hier und jetzt nach dieser Geburtstagsfeier, in der die beiden an der letzten Ampel eingenickt sind. Mein Mann und ich versuchen, die Kinder vorsichtig aus dem Auto zu heben. Nur nicht aufwecken, die armen Kleinen. Sie sind doch so müde.

Marius brüllt als erster: „Neeeiiin, lass mich!"

Ich versuche, ihm die Jacke auszuziehen, doch er macht sich steif und wehrt sich. Dann brüllt Jette und macht das Gleiche wie ihr Bruder. Es dauert einen Augenblick, bis beide wieder bei Sinnen sind und durch die Gegend hüpfen. Und dann dauert es viele Augenblicke, bis sie endlich wieder schlafen. Machen die das wirklich nicht mit Absicht?

17. Der kleine Vegetarier 💬

Mit vier weiß ein kleiner Junge noch nicht, was Neujahrsvorsätze sind. Er weiß noch nicht mal, was Neujahr ist. Im Prinzip ist das eine sehr theoretische Erfindung von Erwachsenen: Geht ja alles weiter wie gewohnt. Es schneit, Mama schmiert zu viel Butter aufs Brot, es schneit nicht mehr, Papa kehrt die Krümel unterm Esstisch weg.

Trotzdem hat sich Marius diesmal zum Neujahr etwas vorgenommen für die Zukunft. Er möchte nie wieder etwas essen, das einmal gelebt hat. Und Jens ist schuld. Auf seiner Geburtstagsfeier lief ich das Buffet ab und suchte zwischen dem Erwachsenen-Essen Hausmannskost für Kinder. Kleine Schnitzel mit Sesam-Kruste? Kann man ja mal probieren, wenn es keinen Leberkäse und keinen Kartoffelbrei gibt. Also zwei auf die Teller – eins für Jette und eins für Marius. Dann lief ich an Hühnerbeinen vorbei. Unten am Knochengelenk war eine praktische Manschette dran, damit man es halten und sauber abknabbern kann. Also auch davon zwei.

Marius: „Ist das ein echter Knochen?"

Ich atmete durch: „Ja."

Marius: „Von einem richtigen Huhn?"

„Ja."

„Was macht das Huhn jetzt ohne Knochen?"

„Es braucht den Knochen nicht mehr, es ist tot."

In den Augen meines Sohnes sah ich Entsetzen.

„Ich esse keine toten Hühner", sagte er, den Tränen nahe.

„Probiere wenigstens das Schnitzel", bat ich.

„Hat das Schnitzel mal gelebt?"

Ich nahm meinen Sohn auf den Arm und suchte gemeinsam mit ihm nach Lebensmitteln, die nie ein Gesicht hatten. Während Jette zwei Hühnerbeine und zwei Schnitzel kaute, aß mein Sohn Brot mit Käse. In diesem Augenblick war ich froh, dass er nie die Sendeschluss-Schleife im Kinderkanal gesehen hat. Denn dort albert ein zweifelhaftes Kastenbrot namens Bernd herum. Was würde mein Sohn jetzt mit dem Brot auf seinem Teller tun, wenn er Bernd kennen würde? Marius ernährt sich sehr bewusst, seit er die vielen toten Hühnerschenkel bei Jens gesehen hat. Er isst Nudeln mit Käse und Käse mit Nudeln. Vergebens versuchte ich, ihm den Lauf der Natur zu erklären. Dass Katzen Mäuse, Wölfe Schafe und große Fische kleine Fische essen. Und wir Menschen eben Hühner und Schweine.

„Aber ich nicht", sagt mein Öko-Sohn.

Ich habe beschlossen, das Thema über mich ergehen zu lassen, bis es seinen Reiz verloren hat. Es wird aufhören, das weiß ich. Bald wird er sich nicht mehr nach der Biografie seines Abendessens erkundigen. Er wird sich über das Würstchen freuen, das ich ihm auf seinen Teller gelegt habe, wird es mit großen Bissen verschlingen und mich um Nachschlag bitten. Und ich werde ein bisschen traurig sein: Mein kleiner, aufrichtiger Sohn wird mit vier Jahren seinen ersten Neujahrs-Vorsatz brechen.

18. Hose runter 💬

„Ish muss mal puuull-llern! Puull-llern, puller puller!“ Meine kleine Tochter zupft sich an ihrem Schneeanzug herum und versucht verzweifelt, sich daraus zu befreien.

„Puull-llern“, ruft Jette – so laut sie rufen kann. Der Winter schützt mich davor, dass das jetzt peinlich wird. Denn wenn Jette für ganz kleine Mädchen muss, lässt sie auf der Stelle die Hosen runter. Nackt steht sie da und wartet. Ich rede ihr das aus, erkläre ihr, dass man erst aufs Klo geht, bevor man sich auszieht, vergebens. Verzweifelt verschnüre ich meine Tochter in Schneeanzüge, wenn wir das Haus verlassen. Dort kommt sie nicht raus.

Die Temperatur spielt für mich keine Rolle mehr. Und jetzt ist wieder einer dieser Momente, in denen ich mich darüber freue, dass ich diese kluge Idee mit dem Schneeanzug hatte: Wir befinden uns mitten im Möbelhaus. Sitzen am Schreibtisch einer Möbel-Verkäuferin, um einen Einlege-Boden für den Kleiderschrank meines vierjährigen Sohnes zu bestellen.

„Pull-llern!“

Die Verkäuferin lächelt, Jette kämpft mit ihrer Zwangsjacke und hat ihren Reißverschluss bedenklich weit geöffnet. Ich unterschreibe den Kaufvertrag, klemme mir meine Tochter unter den Arm und verschwinde in die Richtung, die mir die Frau weist. In diesem Augenblick hätte ich alles unterschrieben. Jetzt nur pullern.

Natürlich ist es schön, dass keiner von uns mehr gewickelt werden muss. Trotzdem ist das mit dem spontanen Hose runterlassen nicht die einzige Nebenwirkung. Meine Tochter schafft es nicht immer bis aufs Töpfchen. Eine Pfütze in den Kaufmannsladen, eine auf den Teppich von Marius, eine auf meine Füße. Wer jetzt die Nase rümpft: Ja, das tun alle kleinen Kinder. Oma Gis vermutet, Jette würde beim Spielen vergessen, dass sie keine Windel trägt. Das ist nicht ausgeschlossen, aber naiv. Noch nie hat Jette in ihr eigenes Zimmer gepullert. Stattdessen tut sie es dort, wo die Eigentumsverhältnisse aus ihrer Sicht ungünstig geklärt sind: Jette markiert ihr Revier. Wow, wie clever. Zum Glück hat sie kein Interesse an dem Möbelhaus, in dem wir jetzt stehen. Sie hält tapfer an, bis ich das Brett bestellt habe, sie wartet, bis wir die Toilette gefunden haben. Sie hält durch, während ich sie aus ihrem Ganzkörper-Schutzanzug befreie. Pullern.

Wir stehen also in dieser einen Quadratmeter großen Sanitär-Zelle. Besser gesagt, ich stehe und Jette schwebt. Ich möchte nicht, dass sie sich mit ihrem zarten Po auf die Toilette setzt, weil ich darauf eine Bakterienarmee der fiesesten Sorte vermute. Obwohl zuletzt laut Protokoll vor sieben Minuten geputzt wurde. Seit ich Kinder habe, studiere ich Hygiene-Protokolle öffentlicher Toiletten.

Jette schwebt und lächelt mich an: „Gar nicht muss ich pullern!"

Ich seufze und ziehe sie wieder an. Mein kleines Mädchen hat ein wirksames Mittel entdeckt, wie sie aus langweiligen Situationen herauskommt. Man nennt das Vortäuschung falscher Tatsachen.

19. Geschwister-Hiebe

Zum Glück ist mein Mann nicht mit Jean-Jacques Rousseau befreundet. Mein Mann würde sich mit ihm zerstreiten, und wenn Jean-Jacques im Fernsehen bei Günther Jauch oder Frank Plasberg säße, würde mein Mann umschalten. Oder beim Sender anrufen und sich beschweren über das Programm. Und den Kabel-Vertrag kündigen. Doch Jean-Jacques ist seit über 200 Jahren tot.

Als ich noch keine Kinder hatte, war er mein Lieblings-Philosoph. Es klang so nett, was er schrieb. Ich lebte nach seinem Leitgedanken, wonach der Mensch von Natur aus gut ist. Er wird verdorben von seiner Umwelt, glaubte ich Jean-Jacques. Von fiesen Kindern, bösen Fernseh-Mogulen und entnervten Eltern und ungerechten Erziehern.

Ausgerechnet mein eigener Mann behauptet das Gegenteil von Jean-Jacques. Er sagt, dass der Mensch erst zum guten Menschen erzogen werden muss und recht garstig und egoistisch auf die Welt kommt.

Das Tragische ist, dass seine These nicht ganz aus der Luft gegriffen ist. Diese winzigen Menschen, wie sie bei uns daheim zu finden sind, jagen uns manchmal einen Schrecken ein. Sie diskutieren nicht, sie machen einfach: Da kommt Jette, engelsgleich und 87 Zentimeter groß, aus ihrer Mini-Küche geschwebt. Ruft „Hallo Marius" zu ihrem vierjährigen Bruder, der auf dem Fußboden mit seiner Lok spielt. Schwebt in seine Richtung und klopft ihm mit ihrer Plastik-Bratpfanne auf den Kopf. Jette lacht, Marius schreit – „ooorr Jette".

Dann holt er aus und schlägt mit seiner Lok zurück. Jette weint, Marius weint.

Ich denke an Jean-Jacques: Was würdest du dazu sagen? Sind wir hoffnungslose Fälle? „Was soll das? Hast du sie geschlagen, Marius?" sagt mein Mann, der vom Geschrei angelockt wurde.

Jette: „Jaaa."

Marius: „Nein!"

„Doch! Mit de Eisebaa auf meine Kopf!" Jettes Stimme zittert jetzt.

„Nein, du hast angefangen", sagt Marius und klopft seiner Schwester mit der flachen Hand auf den Rücken. Er fühlt sich belogen und verraten von einem kleinen, von Natur aus guten Menschen. Ein Fall für die Justiz? Jette wollte ihrem Bruder nicht wehtun, sondern sie wollte ein Späßchen machen. Leider hat das nicht funktioniert.

Auf Gericht habe ich mal über einen Mann Namens Detlef geschrieben, der seinem schlafenden Nachbarn mit dem Beil auf den Kopf schlug. Detlef beteuerte vor Gericht, dass er seinen Freund nur wecken wollte, weil der so tief geschlafen habe. Detlef wurde verurteilt.

Und jetzt, Jean-Jacques? Ich nehme meine schreienden Kinder in den Arm und verlange, dass sie sich beieinander entschuldigen.

„Alles wieder okay, Marius?" fragt Jette, und er wischt sich die Tränen weg.

Man schlägt nicht, erkläre ich, weder mit Bratpfannen noch mit Loks.

Wir wursteln uns durch als ratlose Eltern. Aber wir haben ein gutes Gefühl dabei. Rousseau steckte seine fünf Kinder ins Waisenhaus, um ungestört über perfekte Erziehung zu philosophieren. Er war Theoretiker.

20. Oh, es riecht gut 💬

Ihr Monster der Dunkelheit: Nie wieder werdet ihr meiner Tochter Angst machen können. Jette hat sich einen Beschützer angeheuert, der euch allen das Fürchten lehrt. Sucht euch andere Opfer!

Leider kann ich nicht sagen, dass ich darüber uneingeschränkt glücklich bin: Warum fühlt sich meine Tochter in Begleitung einer Seifenflasche in Sicherheit? Aus dieser rosa Flasche quillt weißer Schaum, wenn man oben draufdrückt. Mehr nicht.

Ja, wir waschen uns. Niemand muss sich Sorgen um unsere Körperhygiene machen. Unser jüngstes Familienmitglied übertreibt es sogar mit der Reinlichkeit. Seit mehreren Tagen schleppt Jette diese rosa Seifenflasche mit sich herum.

Und abends wacht die Flasche vor ihrem Bett. Bei unserer Zeitung arbeitet ein Obmann. Ihn können die Leser anrufen, wenn sie sich beschweren oder ihre Meinung sagen wollen. Nun kam es, dass mein Kollege, der Obmann, mit einer besorgten Leserin über die Körperhygiene meiner Familie sprach.

„Fragen Sie bitte, ob die beiden Kinder ab und zu gewaschen werden", bat die Leserin.

Über alles hätte ich schon geschrieben, sagte die Leserin, nur nicht übers Waschen. Das Gespräch der beiden endete in schallendem Gelächter. Malten sie sich in ihren Gedanken das Bild einer übel riechenden Familie? In der sich die Kinder erst verprügeln und dann friedlich zusammen unter den Tisch krümeln, wo das Blut an ihren Prügel-Schrammen langsam gerinnt? Und hässliche Flecken hinterlässt?

Ich bin deprimiert. Es ist nicht so, wie die Leserin glaubt. Wie Sie glauben. Abgesehen vom Auto halten wir uns und unser Umfeld sauber. In meinem Notizbuch steht seit Monaten eine Geschichte, in der es ums Bade-Ritual geht. Ich wollte sie mir aufheben für schlechte Zeiten, doch jetzt werde ich sie schreiben müssen, um unser Familienbild zu parfümieren.

Händewaschen gehört zu den Lieblingsbeschäftigungen von Marius und Jette. Nach dem Essen hüpfen sie von ihren Stühlen, strecken die Hände in die Luft (hab ich ihnen gelernt) und gehen ins Bad. Eltern müssen draußen bleiben.

Es vergeht sehr viel Zeit, bis das Bad wieder frei ist. Marius und Jette treten vor mich, Jette mit nassen

Ärmeln. Ich muss mich bücken, sie halten mir ihre Hände vor die Nase: „Riech mal", fordern sie.

Danach kämpfe ich mich mit dem Putzlappen durchs Bad. Denn es sieht aus dort, als hätte es geregnet.

Nun stehe ich am Gitterbett meiner kleinen Tochter und werde ins Wohnzimmer abkommandiert, um ihren rosa Beschützer zu holen. Jette hat ihre Seife dort vergessen, neben dem Esstisch stand sie. Wir sind ins Geschäft gekommen: Die Seife darf neben dem Bett stehen, aber mit rein darf sie nicht. Weil man nicht mit Seife kuschelt.

Ein letzter Blick in die Kinderbetten, bevor ich selbst schlafen gehe. Jette hat den Arm um ihre Flasche gelegt. Sie hat sie durch die Gitterstäbe gefischelt.

21. Es lag an Gargamel 💬

Der böse Zauberer Gargamel ist zerbrochen. Ausgerechnet jetzt, wo ich mich mit dem Telefon in die Ecke verzogen habe, um Anett anzurufen. Wir sitzen in Jettes Zimmer, die Kinder spielen Lego.

„Anett? Hi, ich bin's."

Gargamel ist kaputt. Das ist der fiese Typ, der die Schlümpfe jagt und aussieht wie mein Mathe-Lehrer.

Marius: „Och menno!"

Jette: „Meine Gargamel!"

Marius: „Ich will den auch mal. Du hast schon meine Bausteine."

Ich: „Anett?"

Anett: „Ja???"

Ich: „Die Kinder sind müde, naja, heute ist Freitag, du weißt schon. So eine Woche ist anstrengend."

Anett: „Oh ja, ich weiß." Sie hat ebenfalls zwei winzige Kinder und ist Jettes Patentante.

Jette hat nun den zerbrochenen Gargamel, das rosa Lego-Mädchen und das blaue Lego-Baby. Den Lego-Vater hat sie auf den Schornstein des Lego-Hauses montiert, wo er jetzt vor sich hinräuchert.

Marius: „Ich will auch ein Männel. Ich will Gargamel!" Da nimmt Jette den zerbrochenen Schlumpf-Jäger und wirft ihn durchs Zimmer. Beide schreien.

Ich: „Anett? Hörst du mich?" Instinktiv drücke ich das Telefon fester ans Ohr, um die Kommunikation zu verbessern. Im Hintergrund höre ich Jule schreien, Anetts Tochter, die noch ein Baby ist.

„Ja, ich bin noch dran", sagt Anett.

Jette: „Wo ist mein lila Mümmel?" Bitte, du lila Mümmel, du schönster aller Schnuller, sei in Jettes Handtasche. Ich gehe mit Anett am Ohr durchs Zimmer und grabe mich mit meiner freien linken Hand durch Jettes Tasche. Doch dort ist kein Schnuller, stattdessen nur das Taschengeld, das sie vorhin von Oma Karla bekommen hat. Ihr erstes Taschengeld, weil sie neuerdings Geld sammelt. Morgen werde ich noch etwas dazu legen und meiner Tochter davon ein Brötchen kaufen. Im Bett finde ich den lila Schnuller, der mit Glitzersternen verziert ist. Ich nehme ihn und stopfe ihn in Jettes Mund.

„Anett?"

„Ja? Geht es euch gut?"

„Jaja. Prinzipiell schon."

Anett: „Wir hatten Scharlach. Aber Jule ist zum Glück verschont geblieben, weil Scharlach erst ab vier ist. Glaube ich."

Jette hat inzwischen ihr Lego-Haus abgerissen. Der Vater ist vom Dach gestürzt, und die rosa Tochter liegt unter den Steinen begraben. Marius weint. Er kann den Krankenwagen nicht finden, mit dem er die Opfer des Hauseinsturzes bergen möchte. Ich stoße einen spitzen Schrei aus, weil ich bei der Suche nach dem Krankenwagen auf Gargamels Kopf getreten bin.

„Anett? Ich muss Essen machen. Ich glaube, sie haben Hunger."

Anett: „Hast du nächste Woche Zeit?"

Ich: „Freitag wäre gut."

Was wollte ich ihr eigentlich sagen?

22. Die alten Zeiten 💬

Da war einmal eine Mutter, die vor langer, langer Zeit nicht Mutter, sondern Schulkind war. Jetzt war die Mutter wieder Schulkind, zumindest ein bisschen. Sie hatte Klassentreffen, und zum Klassentreffen ist alles wie früher. Obwohl man Falten hat, dünnes Haar oder Bauchansatz.

Als erstes entdeckte die Mutter Silvia. Silvia, die hin

und wieder unglücklich verliebt war, hatte sich nicht verändert. Sie sprachen miteinander, aber anders als früher.

Silvia: „Ab wann zieht man Mädchen Kleidchen an?"
Die Mutter erzählte, wie sie's gemacht hat: „Ab vier Monaten. Wieso, hast du eins?"
Silvia: „Ja, ich habe vor fünf Wochen entbunden."
Dann bleibt Silvia noch Zeit, sich nach Kleidchen in Größe 74 umzusehen.

Auch Dennis war da. Dennis, der sich in der ersten Klasse im Musikunterricht ein Herz nahm und sagte, „ich singe nicht", und die Fünf dafür billigend in Kauf nahm. Es war besser für alle Beteiligten, dass Dennis nicht gesungen hat. In der 12. Klasse saß die Mutter in Biologie neben Dennis und hat von ihm abgeschrieben. Sie hätte gerne mit ihm ein paar Worte gewechselt an diesem Abend. Aber sie hat es nicht geschafft, sich mit allen zu unterhalten.

Sie sprachen über Kinder, weil Kinder gerade ihr Leben prägen.

„Als wir mit Paul im Urlaub waren, hat das Auto geächzt unter unserem Gepäck", sagte Yvonne.
Paul ist zwei, so alt wie die Tochter der Mutter.
„Dann fliegt mal nach Mallorca. Wenn ihr zu viel mitnehmt, zahlt ihr drauf. Da lernt man, so wenig wie möglich zu packen", antwortete die Mutter.
Sie wollte ja nur helfen.

Viele fehlten an diesem Abend. Mandy zum Beispiel, die ihr früher beim Zeitungen austragen geholfen hatte. Und Yvonne, mit der sie in den Sommerferien im Zelt schlief und sich aus dem Zelt nachts heimlich mit ihr in die Disko schlich. In einer Zeit, in der den Jugendschutz keiner ernst zu nehmen schien.

Auch Robert war da. War er es, der der Musiklehrerin die tote Maus unter den Stuhl gelegt hatte? Tino ging zeitig nach Hause an diesem Abend, weil er am nächsten Tag früh raus musste. Bald will er mit seinen Freunden in die Karibik fliegen, weil ihn das Wetter hier nerve. Tino, der mal ihr Seelenbruder war. In der fünften Klasse, als sie Russisch lernten, schrieb er ihr einen Zettel: „Moja Padruga sawut Manu" – „Meine Freundin heißt Manu". Viel mehr als dieser Satz ist von der russischen Sprache nicht hängen geblieben im Kopf der Mutter.

Viele dieser Leute, die den Schüler im Erwachsenen sehen, haben inzwischen selbst Kinder. Die Mutter hat Marius und Jette.

Beim nächsten Klassentreffen werden ihre Kinder selbst Schulkinder sein und Dinge tun, von denen ihre Eltern nie erfahren werden.

Kurz nach Mitternacht fuhr die Mutter müde nach Hause. Sie streichelte Marius, sie streichelte Jette und ihren Mann, der arbeiten musste an diesem Abend. Sie hörte Oma Karla nach dem Kinderdienst friedlich durch die Tür schnarchen und war glücklich.

23. Eine Frau für Hugo 💬

Hugo, warum bin ich nicht so cool wie du? Du liegst hier neben dem Esstisch auf deinem Handtuch, kaust im Halbschlaf Gurke und kümmerst dich nicht um deine vermurkste Figur. Dass unser Kumpel Hardy dich „Wassertropfen" ruft und nicht beim Namen nennt, kommentierst du mit einer schwarzen Bohne. Hugo ist unser Meerschweinchen, und Hugo ist der beste Freund meines Sohnes Marius. Aus unserer Familie ist er nicht mehr wegzudenken. Selbst an den Mahlzeiten nimmt er teil. Marius legt ihm dann ein Handtuch neben dem Tisch zurecht und bereitet ihm eine Meerschweinchen-Mahlzeit. Den Sommer verbringt Hugo auf einem Holz-Kipplaster, auf dem er von seinem kleinen Herrchen Gassi gezogen wird. Hugo heißt Hugo, weil unser Sohn eigentlich Hugo heißen sollte. Aber das ist wieder eine andere Geschichte.

Aus Hugos Sicht ist es sicher nicht schlecht, ein Meerschweinchen zu sein. Doch er ahnt nichts davon, dass seine Welt ins Wanken gerät. Marius hat geträumt. Im Grunde ging's darum: Wo ein Haustier groß wird, haben auch zwei, drei oder viele Platz. Hugo sollte nicht länger ein Einzel-Tier bleiben. In seinem Traum besaß Marius ein Pferd. Das Pferd lebte in einem Käfig, der im Flur neben Hugos Käfig stand.

Es war der erste Traum im Leben meines Sohnes, von dem er morgens erzählt hat. „Kann ich ein Pferd haben?" fragte Marius. Normalerweise fragt er morgens, ob seine Milch fertig ist. Ich sah die Hoffnung in seinen Augen, sah, wie er in Gedanken dem Pferdchen ein Handtuch vor unserem Esstisch ausbreitet und es mit Gurke füttert.

„Das geht nicht, Marius."

Aus der Traum. Mein Sohn trug es mit Fassung.

„Kann ich einen Hund haben?" fragte er nach einer Weile.

„Nein, du hast doch Hugo."

Und auf dem Rodelberg: „Kann ich eine Katze haben?"

„Nein, die würde Hugo wehtun. Du hast Hugo."

Marius: „Einen Vogel?"

Ich: „Nein."

Marius: „Und eine Frau für Hugo? Kann ich noch ein Meerschweinchen haben?"

Mein Sohn verschloss seine Augen vor der Wirklichkeit. Seine Familie ist nicht bereit für ein zweites Haustier – im Moment jedenfalls, aber das muss man Vierjährigen ja nicht unter die Nase reiben.

„Wann kann ich denn ein Pferdchen haben?" fragte er, und wieder flammte die Diskussion auf.

Marius hatte sich sogar überlegt, wo sein Zoo unterkommt, wenn wir eines Tages verreisen:

„Das Pferdchen nimmt Waldemar und den Hugo nimmt Julius."

Er plante, die Tiere während seiner Abwesenheit in der Nachbarschaft zu verteilen.

Auch Hugo hatte einen Traum. Als er erwachte, war er ein Hund. Er hat mich gebissen.

24. Der böse, böse Wolf 💬

Mein Sohn ist naiv und Theodor lebt mit Wölfen zusammen. So. Jetzt ist es raus. Ich weiß nur nicht, ob das stimmt. Beides, meine ich. Ich hoffe mal, nicht. Jedenfalls schenkt mein Sohn den Phantasie-Geschichten seines fünfjährigen Kindergarten-Kumpels mehr Glauben als den Weisheiten seiner lebenserfahrenen, beinahe altersweisen Mutter. Was soll ich jetzt machen? Er weiß alles, mein Sohn. Aus dem Kindergarten. Ich versuche es mit Logik, das ist besser als nichts.

„Ja, das ist so", sagt Marius und beginnt sein Aufklärungsgespräch.

Denn er glaubt ebenfalls, ich sei ein bisschen meiner Zeit hinterher.

„Bei Theodor gibt es Wölfe. Und wenn er ganz tief in seinen Wald geht, dann fressen sie ihn, den Theodor. Deshalb geht er nicht so tief in seinen Wald."

Sagt Marius. Behutsam weise ich meinen Sohn darauf hin, dass man den Leuten nicht alles glauben sollte. Auch nicht, wenn man sie gut leiden kann. Nicht mal fünfjährigen Kindergartenkindern. Ich erkläre, dass es Wölfe bei uns nur im Tierpark gibt. Und dass die echten Wölfe, die ganz weit weg im Wald leben, Angst vor den Menschen haben. Wölfe haben Image-Probleme, weil sie den Bauern Schafe stehlen, und das darf man nicht.

Das alles erkläre ich meinem Sohn. Dem Vierjährigen, der sich die Welt macht, wie sie ihm gefällt. Er will das nicht hören und lenkt vom Thema ab:

„Wir Menschen haben alle Bakterien. Haben wir in unserer Familie alle die gleichen Bakterien?"

Hmm. Wie er nun darauf kommt? Will er mich bloßstellen?

„Haben wir die gleichen Bakterien? Du bist meine Mama, also müssten unsere Bakterien auch verwandt sein", sagt Marius.

„Wahrscheinlich hast du recht", antworte ich und versuche, unverbindlich zu bleiben.

Vierjährige führen einen in ihren Diskussionen schnell aufs Glatteis. Einmal nicht aufgepasst – schon rutschst du aus. Ich habe gelesen, dass die Bakterien rund zwei Kilogramm unseres Körpergewichts ausmachen. Ohne sie können wir nicht leben, sie schützen uns vor Krankheiten. Aber das behalte ich für mich, weil ich für eine Diskussion mit meinem Sohn zu wenige Hintergrundinformationen habe. Ich bin ihm nicht gewachsen.

Nächstes Thema. Marius hofft immer noch auf ein zweites Meerschweinchen. Für seinen Hugo soll eine Frau her.

„Wenn wir mal ein Baby bekommen und es wird ein Meerschweinchen, dann nehme ich das und gebe es Hugo", erklärt Marius.

Ich: „Woher soll das denn kommen, das Meerschweinchen?"

Er, die Augen rollend: „Aus deinem Bauch."

Ich befürchte, wir reden aneinander vorbei. Wie finden wir zueinander, ohne dass ich ihm etwas Falsches erkläre? Marius beschließt, die Diskussion zu beenden.

Aber in seinem nächsten Urlaub möchte er gern mal dorthin fahren, wo die Dinosaurier leben.

„Die gibt es nicht mehr. Sie lebten, als es noch keine Menschen auf der Erde gab", erkläre ich.

Und Marius: „Warst du da nur da?"

Wir sollten jetzt in den Kindergarten gehen, ich bin müde vom diskutieren. Noch nicht gearbeitet, aber schon alle Energie ausgesaugt. Mal sehen, ob Theodor heute schon beim bösen Wolf im Wald war.

25. Frau B., ich weiß es! 💬

Ich weiß, was du letzten Dienstag getan hast, Frau B. Du warst in deiner Küche und bist zusammengezuckt, als es an deiner Tür geklingelt hat. Du wolltest dich unsichtbar machen. Bist in Deckung gehuscht. Das haben wir gesehen, ich und mein Sohn. Im Küchenfenster deines netten Häuschens haben wir deinen schnellen Schatten entdeckt. Denn das Auge reagiert, wenn sich bei einem ruhigen Bild irgendwo etwas bewegt, es sendet eine Botschaft ans Hirn.

Hast du den Faschingsdienstag vergessen, Frau B.? Marius und Jette haben zum ersten Mal in ihrem Leben offiziell gebettelt. Nicht, dass wir es nötig hätten. Wir kommen schon über die Runden, aber Betteln zur Fastnacht ist ein alter Brauch. Wir klapperten also zusammen die Nachbarschaft ab, so, wie ich es früher als Kind getan hatte mit meinen Freunden.

Hast du damals auch gebettelt zum Fasching und dich über die Bonbons gefreut, Frau B.? Oder bist du Faschingsmuffel? Ein alteingesessener sächsischer Nörgler?

Es enttäuscht mich, dass du dich versteckt hast vor uns. Leider war ich zu feige, meinem Sohn die Wahrheit über dich zu sagen. Ja, wir Erwachsenen sind manchmal zu feige, um ehrlich miteinander zu sein.

„Warum macht sie nicht auf? Sie ist doch in der Küche", sagte Marius.

Und ich antwortete: „Es geht ihr vielleicht nicht gut. Bestimmt ist sie krank und will uns nicht anstecken."

Also zogen wir weiter, ich und die beiden kleinen Indianer mit den großen, leeren Beuteln. Wir zogen durch den Schneeregen, klingelten am nächsten Haus. Und ich sah, wie stolz mein kleiner Sohn seinen Vierzeiler vorträgt – „Ich bin ein kleiner Zwerg ..."

Liebe Frau B., Kinder sind traurig, wenn man ihnen am Faschingsdienstag den Spaß verdirbt. Ich weiß das, weil ich das mit meinem besten Freund Udo auch oft erlebt habe. Und du, Frau B.? Wer hat dich enttäuscht? Also gut. Vielleicht hat vor uns ein Kind bei dir gebettelt, das deine Bonbons verschmäht hat. Wie mein Sohn bei Frau E. Ihr Mann hatte für die Faschingskinder extra Süßigkeiten eingekauft, diese Schokolade mit Kokos, die wir DDR-Kinder so gerne essen. Marius und Jette durften sich kurz aufwärmen bei ihr, und dabei aßen sie die neue Schokolade.

„Bääähh! Igitt!" schimpfte Marius, weil ihm der Geschmack fremd war.

Frau E. trug es mit Humor. Genau wie Herr S., der den Kindern Geld schenkte und von Marius erklärt bekam, dass er lieber Süßes möchte.

Über so etwas muss man sich wirklich nicht ärgern, Frau B. Man kann sogar etwas daraus lernen, weil kein Mensch ehrlicher ist als kleine Kinder. Sie verstellen sich nicht. Mir öffnete das wiederum die Augen, dass ich meinem Sohn endlich etwas über die Marktwirtschaft beibringen sollte.

Nächstes Jahr werden wir wieder zu dir kommen, Frau B., und wir werden dir eine zweite Chance geben. Dann weiß ich noch immer, was du letzten Faschingsdienstag getan hast.

26. Der kleine Mutant 💬

Wie kann man sich bloß so sehr darüber aufregen, dass der Parmesankäse alle ist, der Krümelkäse, dieses kleine würzige gelbe Zeug für die Nudeln? Ich meine, muss man da gleich hysterisch werden beim Abendessen?

Jettes Löffel liegt zwei Meter vom Esstisch entfernt auf dem Boden.

Marius klammert sich ängstlich an meinem Arm fest, weil ihm seine zweijährige Schwester unheimlich geworden ist.

Und ich, ich verhindere im letzten Augenblick, dass meine Prinzessin auf dem Boden landet.

Dass ihr Stuhl kippt und sich der Wutkopf auf den Fliesen verletzt. Jette hat sich vom Tisch abgestoßen, bereit für den freien Fall. WEIL DER PARMESAN ALLE IST!

Ab sofort mag Jette auf ihren Nudeln keinen Käse mehr, der Fäden zieht. Ich stelle ihren Teller in Sicherheit und lass sie schreien:

„Wenn du wieder lieb bist, darfst du weiter mit uns essen", sage ich und wende mich ab.

Meine Tochter, der Mutant: Ein bisschen erinnert sie mich an die amerikanische Zeichentrick-Serie mit dem grünen, vor Kraft strotzenden Ungeheuer. In dem Comic verwandelt sich ein ganz normaler Mann gelegentlich in ein grünes Monster namens Hulk. Wie Jette. Nur, dass sie nicht grün wird, sondern rot. Das passiert ohne Vorwarnung und binnen weniger Sekunden.

Das Gute ist, wir sind nicht allein. Ich kenne mehrere Mütter mit zweijährigen Hulk-Töchtern. Katja zum Beispiel, meine Schwägerin. Ihr Hulk heißt Lisette.

„Du müsstest mal Lisettes Handgelenke sehen. Die sind zerbissen, weil sie sich vor Wut selbst beißt", tröstete mich Katja, als ich ihr von Jettes Mutation erzählte.

„Wenigstens beißt sie sich selbst und nicht euch", tröstete ich zurück.

„Sie haut aber auch", sagte Katja.

Und dann musste ich erfahren, dass die Eltern von ihrer Tochter geschlagen werden. Dass sich das kleine, blonde Mädchen auch mit seinem fünfjährigen Bruder anlegt. Ihn zwickt, ihn schlägt und misshandelt. Bei uns bezieht nur Marius Prügel von Jette. Sie schubst ihn und beschimpft ihn als Popo. Das Wort „Popo" ist in unserer Familie sehr popo-lär, aber darum kümmere ich mich später. Manchmal weint Marius, so unheimlich ist ihm seine Schwester geworden. Wenn nichts mehr hilft, droht er ihr: „Das sieht alles der Weihnachtsmann!" Dann weint Jette, und er hat erstmal Ruhe.

Aber wie verwandelt man Hulk-Töchter wieder in Engelsmädchen? Katja steckt Lisette in ihr Zimmer. Ich selbst nutze gerne den Vorsaal, wenn ich mit Ignoranz nicht zum gewünschten Erfolg komme. Auch meine Kollegin Sabrina hat so eine Tochter, Luise heißt sie. Luise muss aus Gründen der Deeskalation in die Ecke, und dort schreit sie dann die Wand an. Arme Wand.

„Meine Nudeln!" wimmert Jette.

Ich: „Wie heißt das Zauberwort?"

„Bitte." Na also, läuft doch alles.

27. Einfach mal duschen 💬

Ich hatte seit 156 Stunden keinen nennenswerten Schlaf. Bin jede Nacht zwischen zwei Kinderzimmern gependelt, bin erschöpft und habe dunkle Augenringe, die ich morgens mühsam überschminke. Und jetzt dusche ich. Es muss doch möglich sein, sich als Mutter mal abends halb acht unter die Dusche zu stellen. Jette habe ich in ihr Bettchen gelegt. Statt danach zurück ins Wohnzimmer zu gehen, wo mein Sohn auf sein Feierabendprogramm wartet, bin ich ins Bad abgebogen. Eben ist mein Mann von der Arbeit gekommen. Marius ist also nicht ohne Aufsicht. Ich will mir Zeit stehlen, nur zehn Minuten, die niemandem auffallen. Zum Duschen. Wenn ich meinen Kopf vom Wasserstrahl wegdrehe, höre ich Jettes Geschrei. Also lasse ich den Kopf lieber unter der Brause.

„Ach, hier bist du", sagt mein Mann, der mich offenbar gesucht hat, und:

„Jette ruft dich."

Ich: „Ich dusche. Du hast heute Morgen gesagt, dass meine Haare fettig aussehen." Beim nächsten Mal sollte ich mich einschließen im Bad.

„Das ist aber Mist jetzt – wenn die Kinder nach dir rufen."

„Ich muss Haare waschen, und es dauert immer ewig bei langen Haaren, bis sie trocken sind."

Er, mit nörgelndem Unterton: „Ich will auch duschen."

Dann gibt er auf. Tatsache ist, dass in Kleinkind-Familien selbst die Körperhygiene-Zeiten durchgeplant werden sollten. Einfach mal duschen, das funktioniert nicht. Normalerweise dusche ich nur, wenn die Kinder schlafen. Doch das ist jetzt eine Ausnahme-Situation: 156 Stunden ohne ordentlichen Schlaf und fettige Haare, die zum Trocknen eine Weile brauchen. Weil ich mich unwohl fühle und so schnell wie möglich ins

Bett möchte, habe ich mir vom Abendritual meiner Kinder ein paar Minuten geklaut. Nachts nagen sie schließlich auch an meiner Zeit herum, ohne dass ich jammere. Wenn alles schläft, massiere ich die Kiefer meiner Tochter mit einem beruhigenden Gel. Jette vervollständigt ihr Gebiss gerade mit vier Eckzähnen. Außerdem hat sie Schnupfen, was sich ungünstig auf ihr Schlafverhalten auswirkt. Und meinen Sohn plagen Albträume. Gestern wachte er auf und weinte: „Das Spiegelei ist alle", sagte er und wimmerte dabei. Es dauerte lange, bis ich ihn beruhigen konnte. Marius hatte geträumt, dass wir in der Hallenbad-Kantine essen und man ihm dort das Spiegelei verweigerte. Eine Sauerei ist das, zum Heulen.

Jetzt noch abtrocknen, Marius noch aus seinem Buch „Wissenswertes übers Wasser" vorlesen, Zähne putzen – und gute Nacht. Am nächsten Morgen fühle ich mich relativ gut, weil ich den gesetzlichen Mindestschlaf eingehalten habe. Zumindest fühle ich mich die ersten Stunden gut.

Bis mein Kollege Peter ins Büro kommt und behauptet, ich hätte Augenringe.

28. Schau mir in die Augen 💬

Kann vielleicht mal jemand etwas erfinden, damit wir Eltern nicht immer dieses Theater durchmachen müssen? Ich wünsche mir Antibiotika als rote und grüne Gummibärchen. Ich wünsche mir Hustensaft in Form von Schokolade. Und ich wünsche mir eine Arbeitsgemeinschaft „So-schnaube-ich-meine-Nase-richtig-aus" im Kindergarten.

Leider bin ich kein Pharmazeut und stehe allein da mit meinen guten Ideen. Nirgendwo ein kluger Geist, der sie für mich umsetzt. Wir reden nicht gerne über solche Sachen, wir Eltern. Wir tun so, als hätten unsere Kinder vollstes Verständnis, wenn wir ihnen Medizin einflößen müssen.

Aber diese gelben Flecken an der Küchendecke kommen nicht von allein. Sie entstehen bei den Kämpfen, die wir mit unseren Söhnen und Töchtern ausfechten, wenn wir ihnen Antibiotika-Spritzen in den Mund drücken wollen. Kinder können sehr weit spucken, wie die Lamas.

Ja, es gibt gute Ansätze. Hustensaft als Zäpfchen zum Beispiel. Aber die nützen uns nichts, wenn unsere Kinder keinen Husten haben. Und so wurde ich am Freitagnachmittag in den Augen meiner kleinen Tochter zur Mutter des Grauens. Als ich Jette vom Kindergarten abholte, kam sie mir mit Glubschaugen entgegen gerannt. Dicht gefolgt von ihrer Erzieherin und Marius, ihrem Bruder.

„Sie scheint eine Bindehaut-Entzündung zu haben", sagte die Erzieherin.

Und Marius: „Ja, das ist so."

Die gute Nachricht: Wir brauchen keinen Krankenschein für meine Arbeit zu organisieren, weil Freitagnachmittag ist. Die schlechte: Kein Kinderarzt hat mehr geöffnet, weil Freitagnachmittag ist. Nun ist es so, dass wir mit Keimen aller Art praktisch in einer WG leben. Nicht, weil wir unsauber wären. Aber meine Kinder sind für Bakterien und Viren das, was für uns Menschen Taxis oder öffentliche Verkehrsmittel sind: Man benutzt sie, um von A nach B zu kommen. Im Laufe der Zeit habe ich im Badezimmer-Schrank so viele Kinder-Medikamente gehortet, dass gegen jeden herkömmlichen Keim etwas dabei ist. Auch Augentropfen gegen Bindehaut-Entzündungen. Also improvisiere ich damit.

Tagelang hatte ich meine Tochter schon mit Nasentropfen gequält. Die Nase hat den Vorteil, dass man sie nicht zukneifen kann – im Gegensatz zu den Augen. Ich bat Jette, sich aufs Sofa zu legen, und erklärte ihr, was ich tun muss. Jette schrie. Sie schloss ihre Augen und schützte sie mit ihren Händen. Trat mit den Füßen. Ich schwitzte. Redete auf sie ein.

Erpresste sie: „Du bekommst auch gleich zwei Gummibärchen, für jedes Auge eins."

Ohne Erfolg. Also musste ich ihren Widerstand brechen. Tag für Tag. Morgens, mittags, abends. Ob sie mich hasst?

Eine Tierärztin, die wir kennen, sieht ihre Patienten mit anderen Augen, seit sie Mutter ist. Auch Hunde, Katzen und Hamster sind gegen Tropfen jeder Art, genau wie ihre zweijährige Tochter.

Alles Rebellen, Gegner der Schulmedizin.

29. Davor und danach 💬

Für mich beginnt jeder Tag mit einem Schrecken, und das liegt an Jette. Früher erzählte sei leise vor sich hin, wenn sie mit dem Schlafen fertig war. Aber sie wird ja auch älter, sie ist schon zwei, und deshalb brüllt sie neuerdings durchs Babyfon:

„Mama, Jette ist wa-hach!"

Diesmal kam der Schrecken leider viel zu früh am Morgen. Ich schnappte aus dem Bett hoch und fühlte mich wie ein aufgeweichtes Brötchen. Matschig und unbrauchbar, um damit den Tag zu beginnen. Ungenießbar für die Umwelt, eigentlich.

„Vielleicht wirst du ruhiger auf der Messe, wenn du müde bist", sagte mein Mann.

Ein netter Trost. Ich begann vor zweieinhalb Jahren, kleine Geschichten über das Familienleben zu schreiben. Und jetzt war ich zur Buchmesse nach Leipzig eingeladen, weil es unsere Geschichten als Buch gibt. Darin kann jeder nachlesen, wie das so ist mit Kindern. Und kann sich beruhigt zurücklehnen, wenn das Familienchaos bei sich selbst daheim ein bisschen sortierter ist als in diesem Buch beschrieben, bei diesen Verrückten.

Am Tag meines großen Auftritts sah ich aus wie ein misshandelter Frosch. Ich hatte geschwollene Augenlider, aber wenigstens war meine Haut nicht grün und auch nicht mehr so rot wie noch vor wenigen Stunden.

Das geschah so: Am Tag zuvor hatte ich zum ersten

Mal in diesem Jahr eine Sonnenbank benutzt, um möglichst frisch auszusehen. Ging nach hinten los. Danach sah ich aus wie Dieter B., Sie wissen schon, der Mann aus dem Privatfernsehen.

Deshalb hatte ich mir die Creme ins Gesicht massiert, die mein Mann für die wunden Popos unserer Kinder gekauft hatte. Was für rote Popos gut ist, kann für rote Gesichter nicht schlecht sein. Dann schlichen wir uns zu unseren Nachbarn, in den Händen die beiden Babyfone. Die Kinder schliefen, ich wollte mir mit einem Glas Rotwein Mut machen für das Messe-Interview. Normalerweise stelle ich die Fragen, das ist mein Beruf. Die Vorstellung, Antworten zu geben, verunsicherte mich.

„Warum glänzt du so?" fragte Birgit, als ich im Schein der Glühbirnen auf ihrem Sofa saß. Also erklärte ich die Sache mit dem Sonnenstudio und der Popo-Salbe. Um elf wollten wir nach Hause. Ich schaute auf die alte Holzuhr auf ihrem Wohnzimmerschrank, eine Erinnerung an ihre Patentante, und ich sah, dass wir noch zwanzig Minuten Zeit hatten. Und zwanzig Minuten später immer noch zwanzig Minuten Zeit. Die Uhr zeigt seit mehreren Jahren „kurz vor dreiviertel elf" an, aber das erfuhr ich erst gegen zwei Uhr morgens.

„Mama!" – Jette hatte ausgeschlafen, ich nicht. Wie auch um halb sechs?

„Ich habe frische Vollmilch mit!" sagte Oma Gis, als sie uns abholte.

Sie wollte mit zur Messe.

„Stell' sie doch einfach in den Kühlschrank, wir müssen los", sagte ich.

Marius und Jette rannten in Regenjacken durch die Wohnung und spielten verkleiden. Jette trug einen Eimer und eine Schaufel bei sich, sie muss ja immerzu etwas herumschleppen. Ich sammelte die Regenjacken ein, wusch die Kinder und putzte ihnen Zähne, gab jedem sein Kuscheltier und schnallte sie im Auto fest. Weil mein Mann arbeiten musste, brachten wir die Kinder zu meinem Bruder.

Mein größtes Glück an diesem Morgen: Die Röte aus meinem Gesicht war verschwunden, die Popo-Creme hatte gewirkt. Und ich hatte meine innere Ruhe gefunden auf der Messe.

Ab und zu serviert uns das Leben Höhepunkte. Sie sind eingebettet in das Chaos des Alltags.

30. Fünf Kleine und vier Große

„Ma-ri-us! Brauchst ni zu weineee!" ruft Jette durch ihr Zimmer.

Sie liegt im Bett, und die Tür ist wie gewünscht einen Spalt offen. Auch im Nachbarzimmer bei Marius ist die Tür nur angelehnt, damit die Monster aus dem Raum entweichen können.

„Hnngg", winselt Marius immer noch.

Und Jette: „Mariussi, alles heil jetzt, okay?"

Sonntagabend, Schlafenszeit.

An normalen Tagen kommunizieren meine Kinder nicht von Bett zu Bett. Sie haben Angst davor, dass ich dann ihre Türen schließe. Aber jetzt winseln sie übermüdet herum.

Das Wochenende kann für kleine Menschen anstrengend sein. Mein älterer Bruder war mit seiner Familie zu Besuch. Sie wohnen eineinhalb Stunden entfernt und haben bei uns übernachtet. Wenn sie da sind, dann ist es so, wie es ist, wenn man selbst zwei Kleinkinder hat, eine fünfköpfige Gastfamilie bewirtet und das älteste Kind fünf ist. Beim Spazierengehen sehen wir aus wie eine gemischte Kindergarten-Gruppe mit männlichen Erziehern auf Achse.

Es regnete.

Weil Kinder draußen am besten aufgehoben sind, gingen wir trotzdem raus. Sie waren zu schnell zu nass und mussten rein. Räumten die Legosteine aus, und ich räumte sie wieder ein. Ich fegte die Mülldeponie zusammen, weil Marius ein Müllauto besitzt und mit seinem Cousin Finn Müllmann spielte. Leider auf Süd-Italienisch: Viel Müll blieb liegen, überall.

Ich räumte Puppengeschirr in die Kiste und kehrte Keks-Krümel weg. Alles auf die Mülldeponie, die im Wohnzimmer wuchs. Abends Mensch-ärgere-dich-nicht mit den Jungs und dann alle Minderjährigen ins Bett. Mein Mann schlief versehentlich auch mit ein. Auf dem Sofa.

Am sehr frühen Morgen weckte Finn mit seiner schrillen Stimme seine beiden Schwestern – „Ich muss mal pullern!" – und im Schneeball-System wurden alle anderen wach. Wieder Legosteine und Puppenteller einsammeln, zum Sonntagsbäcker fahren, Krümel wegfegen, Holz-Bockwürstchen in die Dose stopfen. Die Müll-Deponie wuchs. Wir spazierten durch den Regen. Unter dem Vorwand, Mittagessen kochen zu müssen, schlich ich mich nach Hause.

Dann Mittagsschlaf. Die Kinder ließen sich ohne größere Proteste in ihre Betten legen. Wir sackten erschöpft auf dem Sofa zusammen. Mussten ja bald wieder Bausteine aufräumen, kehren und aufpassen, dass keiner auf den Müllberg trampelt. Der wuchs. Bald wird er größer sein als ich und mich fressen.

Als die Gäste abends nach Hause fuhren, fühlten wir uns wie Müllmänner nach der Schicht: glücklich, aber müde.

Hat sich nichts groß verändert, seit die Kinder da sind. Anstrengende Wochenenden sind immer noch die schönsten.

31. Papa macht sein Zeug 💬

Ich bin froh, dass ich kein Vater bin. Bin froh, mit meinem frisch geschliffenen Messer in meiner Küche zu stehen und Jagdwurst für die Nudeln zu schneiden. Ich schleife Messer selbst, ja das tue ich, obwohl mir das manche Menschen nicht zutrauen: Frau S. hat mir in einem Leserbrief unterstellt, ich würde für meine Familie nur Fertigpizza und Döner kaufen.

Aber meine Kinder wissen nicht, dass es Pizza in bunten Schachteln gibt, Frau S.!

Wir essen oft Nudeln. Mit Tomatensoße, mit Käsesoße, mit Gemüse, mit Bolognese, mit Fisch. Nudeln sind die Kartoffeln meiner Generation. Und jetzt schneide ich Jagdwurst, zufällig ist das Babyfon meines Sohnes neben mir angeschaltet. Während Jette zu meinen Füßen um Wurst bettelt, spielt Marius in seinem Zimmer mit seinem Vater.

„Warum kochst du nicht, Papa?" fragt Marius.

Ich kann sie übers Babyfon belauschen. Interessant.

Papa: „Weil Mama das besser macht."

Marius: „Kannst du kochen?"

Papa: „Bisschen, ja."

Marius: „Was kannst du kochen?"

Papa: „Eier. Und Spiegeleier."

Marius: „Und was noch?"

Papa (überlegt): „Würstchen."

Marius: „Und was noch?"

Papa: „Schnittchen-Häppchen."

Marius: „Was du kochen kannst, nicht, was du schmieren kannst!"

Papa: „Nudeln habe ich euch auch schon gekocht."

Marius: „Mehr kannst du leider nicht?" Marius zeigt Mitgefühl.

„Ich müsste mir ein Rezept nehmen, dann könnte ich es", wehrt sich mein Mann. Er tut mir leid. Es hat sich in unserer Familie so eingeschliffen, dass ich koche, weil er zu selten daheim ist.

Nicht nur wegen seiner verkümmerten Kochkünste

hat er es schwer. Seine kleine Tochter, für die er alles tun würde, verschmäht ihn, nur um ihn zu bestrafen. „Papa kein Küsschen", sagt Jette dann und schmiegt sich provokativ an mich.

Selbst Marius, der sich gern im Schatten seines Vaters aufhält, schickt ihn manchmal weg. Morgens nach dem Aufwachen, wenn mein Mann ihn aus dem Bett holen will:

„Mama soll kommen!"

Ein Problem, das mehrere Väter quält. Sie reden nicht darüber, weil Männer selten über solche Sachen schwatzen. Doch ich kenne ihre Sorgen. Ein Bekannter ködert seinen fünfjährigen Sohn morgens damit, auf dem iPhone spielen zu dürfen, nur damit sich der Junge von ihm wecken lässt. Mein Mann hat diesen technischen Wettbewerbsvorteil nicht, weil sein Telefon Vintage-Look hat (Vintage klingt besser als „ist abgegriffen, unmodern und sehr alt"). Manchmal wäre ich gerne Vater. Zum Beispiel, wenn Jette die dritte Nacht hintereinander weint, gestreichelt werden will und „Mama" ruft. Wenn ich Vater wäre, könnte ich mich umdrehen und das Kissen auf meine Ohren drücken.

32. Die entführten Frösche

Diese Geschichte braucht einen Anfang, eine Erklärung, weil man sonst von ihr erschüttert wäre. Sie gehört nicht zu dieser Art von modernen Geschichten, in die man auf halber Strecke hineinspazieren kann und sie trotzdem versteht, weil es nicht viel zu verstehen gibt. Weil immer die gleichen, unaufgeregten Dinge passieren. Es geht hier um eines kleinen Mädchen, und das Mädchen möchte seine Mutter ins Gefängnis stecken.

Diese Mutter bin ich.

Jette wurde gegen fünf Uhr wach und brüllte wie gewohnt „Mama, Jette ist wach!" durchs Babyfon. Ich dachte, das wäre wieder so ein Albtraum, und blieb liegen.

Und dann: „Mama, komm jetzt. Sonst steck ich dich ins Gefängnis! Du alter böser Popo."

Darauf wollte ich erst recht nicht reagieren, aber nach der dritten Haft-Drohung stand ich auf.

„Es ist noch Nacht, und so redet man nicht mit seiner Mama", sagte ich, stellte mich an ihr Bett und streichelte Jette, bis sie wieder schlief.

Am nächsten Tag fuhr ich wie gewohnt zur Arbeit und erzählte Thomas davon, meinem Kollegen. Thomas war erschüttert von den düsteren Gedanken dieses kleinen Mädchens. Ich erklärte ihm, er brauche sich keine Sorgen machen, Jette wüsste ja gar nicht, wie man jemanden anzeigt. Und selbst wenn, würde ich nicht ins Gefängnis kommen, nur weil ich nicht sofort angetanzt bin letzte Nacht. Doch insgeheim war ich selbst enttäuscht. Warum macht sie das?

Der Tag ging zu Ende, und ich lag im Bett und grübelte, bis ich verstand: Es hat mit dem Schwimmbad-Ausflug zu tun. Böse, hinterlistige Menschen klauten dort die Quietsche-Frösche meiner Kinder. Opa Siggi sah die Diebe in unserer Badetasche wühlen, es waren Erwachsene, und er schlug sie in die Flucht.

Leider war ihm entgangen, dass sie zwei Frösche entführt hatten. Die Kinder weinten. „Warum gibt es böse Leute?", fragte Marius.

Ich fand keine Antwort, erklärte den Kindern aber, dass die ganz Bösen ins Gefängnis kommen. Sie werden zur Strafe eingesperrt und können kein Unheil mehr anrichten.

Das mit den Fröschen erzählte ich am nächsten Tag im Büro dem erschütterten Thomas. Ich müsste jetzt stolz sein auf meine kleine Jette, erklärte ich. Weil sie mit ihren zwei Jahren schon ein gesetzestreuer deutscher Staatsbürger ist. Sie weiß in zarten Ansätzen, wie man juristisch Konflikte löst.

Thomas sah müde aus. Er hatte schlecht geträumt. Von Jette. Thomas war in seinem Traum bei uns zu Besuch, er aß ein Baguette und krümelte dabei auf den Fußboden. Thomas weiß, dass mein Mann in solchen Situationen sofort Kehrschaufel und Besen holt. Diesmal stapfte Jette in einem rosa Kleid auf Thomas zu, nahm das Krümel zwischen Daumen und Zeigefinger, zog ein grimmiges Gesicht und sagte: „Jetzt steck ich dich ins Gefängnis!"

Thomas wachte erschrocken auf.

33. Die kleine Welt ⬚

Immer, wenn Herr W. mit seinem Kombi an mir vorbeifährt und ich ihm zuwinke, frage ich mich, ob er jemals jemanden ins Gefängnis gesperrt hat. Vielleicht macht er das ständig, vielleicht fischt er auch nur rasende Menschen aus dem Verkehr.

Herr W. ist mein Nachbar, und er ist Polizist. Aber es ist ja nicht so, dass jeder Polizist böse Menschen jagt, die ins Gefängnis gehören. Über Herrn W. weiß ich bisher nur, dass er keine kleinen Kinder einsperrt. Ich weiß das von meinem Sohn.

Jemandem mit einer Haftstrafe zu drohen, ist in unserer Familie immer noch ein großes Thema. In den Kreisen, in denen sich meine Kinder bewegen, weiß man nichts von Richtern und Staatsanwälten und Gesetzen und so weiter. Es gibt nur die Polizei und die Feuerwehr. Die Feuerwehr löscht Brände, und die Polizei holt böse Menschen mit der Grünen Minna ab. Schimpfen, Hände fesseln und wegschließen. So einfach ist die Welt, wenn man vier ist.

Durch unseren Garten rannte eine Herde Kinder, als Herr W. ins Spiel kam: Ein Mädchen zog Julius, dem Kumpel meines Sohnes, die Mütze vom Kopf. Julius war entsetzt.

„Du musst mal mit ihr schimpfen", sagte er zu mir. „Du sollst nicht immer petzen", sagte Opa Karl, der daneben stand und der Opa von Julius ist. Ich war also raus aus dem Spiel. Doch da mischte sich mein Sohn ein: „Komm, wir schaffen die ins

Gefängnis", sagte Marius zu Julius.

Und weil Julius schon fünf ist und das System allmählich durchblickt, hatte er die Idee, bei Herrn W. zu klingeln. Herr W., der Polizist aus unserer Nachbarschaft, sollte das Mädchen mitnehmen. Er sollte es mit Handschellen fesseln und bis auf Weiteres wegschließen. Tatvorwurf: Fremde Mütze unsachgemäß vom Kopf gezogen und auf den Boden geworfen.

Die Jungen zogen also los und liefen vor Herrn W.s Haustür auf und ab.

„Ich klingle nicht", sagte Marius.

„Ich auch nicht, sonst sperrt er uns ein", sagte Julius und erklärte meinem Sohn, dass es im Gefängnis nichts zu essen gibt.

Und Marius antwortete, da müssen sie eben Gummibärchen mitnehmen. Dann wandte er sich an mich: „Mama, gibst du uns Gummibärchen?"

Eine Weile drückten sie sich vor Herrn W.'s Tür herum, dann baten sie mich um Hilfe. Was soll's, ich gab ihnen Rückendeckung und stellte mich hinter sie. Herr W. sah nicht aus wie ein Polizist, als er an die Tür kam. Er sah aus, als komme er gerade vom Fußballplatz. Rotes T-Shirt, Sporthose. Die Jungs stutzten, Herr W. stutzte.

„Soll ich die Uniform anziehen?" fragte er vorsichtig. Uns genügte die Dienstmarke.

Julius erklärte die Sache mit dem Mädchen und seiner Mütze:

„Ich weiß jetzt gar nicht mehr, wie rum ich meine Mütze aufsetzen muss!"

Der Junge hatte ein ernstes Problem, war verzweifelt. Doch für Mütze wegnehmen kommt man nicht ins Gefängnis, sagte Herr W. und empfahl, sich mit dem Mädchen auszusöhnen. Sie wurden still, die Jungs, sagten höflich „auf Wiedersehen" und rannten Herrn W.s Katze hinterher, die aus der Tür gehuscht war.

„Du hast vergessen, ihm zu sagen, dass die Jette dich gezwickt hat", sagte Julius später zu meinem Sohn. „Oh ja."

Die Jungs kehrten um.

34. Dieser Herr Schmidt 💬

Herr Schmidt arbeitet in unserem Garten. Er macht die Sachen, die wir selbst nicht können, die aber gemacht werden müssen. Mein Sohn hat ihn bei unserem Nachbarn kennengelernt, bei Waldemar. Er bettelt gerne, mein Sohn. Also hat er gebettelt, dass wir Herrn Schmidt von Waldemar übernehmen und für unsere Gartenarbeit anstellen. Einer muss das Zeug ja machen, dachte ich, warum also nicht dieser Herr Schmidt?

„Woher weißt du eigentlich, dass er Herr Schmidt heißt?" fragte ich meinen Sohn.

„Das ist so, ich weiß das", antwortete Marius.

Ich kann meinen Kindern so schlecht Wünsche abschlagen. Deshalb arbeitet Herr Schmidt jetzt bei uns. Wir zeigten Herrn Schmidt unseren Garten und die viele Arbeit, die auf ihn zukommen würde. Ist ja auch besser, jemanden zu nehmen, der gute Referenzen hat und mit dem die Nachbarn zufrieden waren.

Herr Schmidt schaute sich bei uns um. Marius freundete sich mit ihm an. Den ganzen Tag beobachtete er ihn. Weiß auch nicht, von wem er Sympathien für diese Art von Typen hat, denn ich habe schon Hemmungen, Herrn Schmidt zu berühren. Er ist einer dieser Gesichtslosen. Die man sieht und nicht wiedererkennt, wenn man ihnen später begegnet.

Am zweiten Tag erklärte Marius, Herr Schmidt habe Hunger.

„Er möchte Salat", sagte Marius.

„Er kann sich selbst etwas holen, das macht er sonst auch", sagte ich.

„Salat! Bitte."

Da gab ich nach.

Am dritten Tag besorgte Marius für Herrn Schmidt Mais aus unserem Kühlschrank.

„Herr Schmidt mag Mais", erklärte mein Sohn.

Ich ersparte mir eine Antwort. Leider war Schmidt nicht der Schnellste. Seit er in unserem Garten war, hatte er noch keine erkennbaren Leistungen vorzuweisen. Ob mein Sohn ihn zu sehr ablenkte?

Das war auch Marius aufgefallen. Gelangweilt saß er auf der Wiese und starrte auf Herrn Schmidt, den er seit geraumer Zeit auf unsere Kosten durchfütterte. Marius hatte sich offenbar mehr von diesem Arbeitseinsatz versprochen.

Am vierten Tag war Herr Schmidt verschwunden.

Über Nacht muss jemand seinen Eimer umgetreten haben. Ich vermute, es war eine Katze, und da hat Herr Schmidt alles liegen gelassen und ist davongezogen. In diesem blauen Buddelkasten-Eimer sollte er für Marius Salat und Mais und Gras in Erde verwandeln.

Herr Schmidt ist ein Regenwurm.

Mein Sohn besteht neuerdings darauf, jedem Tierchen einen Namen zu geben.

35. Glücklicher Pfosten ⬒

Da hüpft also unser rotes Pferd. Es hüpft durchs Wohnzimmer, und auf seinem Rücken sitzen Finn und Marius. Marius sitzt hinten und klammert sich an Finn fest, der das rote Gummi-Hüpf-Pferd durchs Zimmer steuert. Ein wildes Spiel.

Ich könnte eingreifen und den Jungen sagen, sie sollen die Eisenbahn aufbauen und in Ruhe ein paar Züge schieben. Aber brauchen Kinder Schiedsrichter, wenn sie spielen? Brauchen sie jemanden, der ihre Welt in gute und schlechte Spiele einteilt? Jedes Lager findet Argumente, denn sonst wäre Erziehung keine Geisteswissenschaft. Die Welt ist voller Ratgeber, die aus Eltern Psychoanalytiker machen. Jungs dürfen nicht mehr raufen, Mädchen nicht mehr kratzen.

Ich lasse spielen und schwatze mit Finns Mutter Katja, die ebenfalls auf Spielen lassen plädiert. Weil die

Kinder glücklich sind. Es dauert eine Weile, bis es ruhig wird um uns. Wir suchen, wo sind die Jungs? Und sie liegen mit Bilderbüchern im Hochbett, Finn tut so, als würde er Marius vorlesen.

Während die Kinder lesen, erzähle ich Katja eine Geschichte. Es ist die Geschichte von der kleinen Manu und dem kleinen Udo, die beste Freunde waren. Die beiden verbrachten ihre frühe Kindheit als Fußballtor-Pfosten. Weil sie so klein waren, ließen die großen Kinder sie auf der Wiese nicht mit Fußball spielen.

„Lasst sie mitmachen", rief Manus Mutter aus dem Küchenfenster.

Manus älterer Bruder hatte die Idee, die Kleinen könnten Statisten sein. Es gab zwei Tore, und jedes bestand jeweils aus einem Baum und einem Kind als Pfosten. Udo und Manu waren glücklich, sie fühlten sich gebraucht. Es gab so viele Kinder damals, dass man sich sogar eins als Torpfosten leisten konnte. Heute leistet man sich stattdessen Schiedsrichter. Meist sind das die Eltern.

Die kleine Manu feuerte ihre Mannschaft an, denn sie hatte gelernt, dass das gut war für sie: Die Gegner zielten gerne auf den Pfosten, und das ging ja auf ihre Kosten. Aber sie weinte nicht.

„Sind die großen Jungs lieb?" rief ihre Mutter aus dem Fenster.

„Ja", brüllte der Pfosten.

Die Mutter war froh, sich nicht einmischen zu müssen. Sie hatte weder Spülmaschine noch Wäschetrockner noch Ratgeber noch diverse Internet-Plattformen, um im Schutz der Anonymität mit anderen Müttern zu diskutieren. Sie musste sogar noch aufstehen, wenn sie das Fernsehprogramm umschalten wollte. Wobei das theoretisch ist, weil die Mutter keine Zeit hatte zum Gucken.

Manu war ein glücklicher Pfosten. Auch, als Detlefs neuer Lederball an ihrer Nase landete, die Nase blutete und die Mutter sie mit Verdacht auf Nasenbruch zum Arzt schleppte. „Lasst uns wieder Pfosten sein", flehte sie ein paar Tage später die Großen an.

Diese Geschichte erzählte ich Katja, der Frau meines älteren Bruders.

„Cool, dass sich unsere Jungs so lieb haben", sagt Katja. Ja. Und wie lieb sie die kleinen Schwestern einbinden. Jette und Lisette dürfen ihnen die Türen aufhalten, damit sie durchhüpfen können.

36. Wo is de Olly? 💬

Dolly ist eine Stoffpuppe. Sie ist hässlich, aber weich. Ein plattgedrückter Körper, Haare aus orangefarbener, verfilzter Wolle. Dolly trägt ein rotes Kleidchen, das manchmal verschwunden ist, was die Puppe noch komischer aussehen lässt. Dass Dolly so heißt wie das geklonte Schaf und die blonde Frau mit den Silikonbrüsten, ist Zufall. Der Name stand auf dem kleinen Schildchen, das an Dolly befestigt war, und deshalb ist Dolly eben Dolly.

Nun haben zweijährige Kinder den angenehmen Charakterzug, dass sie nicht nach Äußerlichkeiten urteilen. Deshalb ist Dolly die Lieblingspuppe meiner kleinen Tochter. Jette + Dolly = Freundschaft. Wenn Jette müde ist, holt sie sich Dolly aus ihrem Bett und schleppt sie mit sich herum.

Dann kam der Tag, an dem Dolly verschwand.

„Wo is de Olly?" fragte mich Jette. Sie stand vor ihrem Bettchen und suchte.

„Ich kann dich nicht verstehen. Nimm bitte den Schnuller aus dem Mund", sagte ich.

„Dolly ist weg", wimmerte Jette, die ihren Schnuller jetzt in der Hand hielt. Ich schwitzte. Jette hatte noch keine Nacht ohne Dolly verbracht.

Seit Jahren hatte ich Angst vor dem Tag, an dem sie verschwinden würde. Im Grunde hatte ich diese Angst schon, als Dollys Stoff-Einzelteile noch in der Dolly-Werkstatt lagen. Als mein Sohn Marius seinen Wombel zu lieben begann, diesen Hasen im apfelgrünen Anzug, spürte ich zum ersten Mal die Sorge davor, dass so ein Lieblings-Kuscheltier eines Tages untertauchen könnte. Wegen Wombel hätten wir einmal fast unseren Mallorca-Flieger verpasst, weil wir auf dem Weg zum Flughafen feststellten, dass wir Wombel vergessen hatten. Also fuhren wir zurück.

Und dann war Dolly weg. Dolly, die der große Bruder seiner kleinen Schwester zur Geburt geschenkt hatte. Eigentlich war Dolly ein Geschenk von Oma Gis und Opa Siggi. Doch sie fanden den Gedanken schöner, dass Marius sie dem drei Stunden alten Baby überreicht.

Ich rief Oma Gis an. Womöglich war sie schuld, denn sie hatte die Kinder abgeholt.

„Hast du Dolly aus dem Kindergarten mitgebracht?" Meine Frage klang ein bisschen hysterisch.

„In Jettes Fach lag keine Dolly", sagte Oma Gis.

Ich erklärte meiner Tochter, dass ihre Puppe heute im Kindergarten schläft.

„Dolly", wimmerte Jette.

Ich gab ihr den selbst gehäkelten Stoffbären ohne Augen, für den sie wegen seiner Behinderung hohe Sympathien entwickelt hat. Doch Jette weinte. In meiner Not kam mir die Idee, ihr Wärmekissen-Kuschelschaf aufzuheizen. Eigentlich ist das Schaf ein Schwein, doch Jette nennt es Schaf. Also heißt Schwein Schaf. Es funktionierte, sie schlief ein.

Am nächsten Abend war Dolly wieder weg.

„Wo ist sie?", fragte ich meinen Mann, denn diesmal hatte er die Kinder abgeholt.

Er: „Vorhin war sie noch da. Wir haben sie doch aus dem Kindergarten mitgebracht." Jette wimmerte so sehr, dass auch wir feuchte Augen bekamen. War Dolly jetzt endgültig weg? Wir rekonstruierten den Nachmittag. Und fanden Dolly im Puppenküchen-Backofen.

37. Die Beule 💬

Mein Auto hat eine Beule, und die muss weg. Also fahren wir in die Werkstatt – Jette, Marius und ich. Zwanzig Minuten im Auto, das kann lange sein.

„Ich will Kindermusik", sagt Marius an der ersten Ampel.

Habe ich daheim vergessen. Keine Kinderlieder an Bord. In meinem Auto liegt nur eine CD mit dem Titel „Fröhlich sein und singen", die mein Sohn vor langer Zeit in der Schublade fand und hören wollte. Jetzt ist sie zerkratzt, was ich nicht schlimm finde. Ich war lange genug fröhlich und habe gesungen.

Aber: Keine Kinder-CD im Auto. Ich bin eine schlechte Mutter.

„Gummibärchen", sagt Jette.

Ich halte am Discounter, nicht, dass sie unterzuckert. An der Kasse liegen CDs mit Jim-Knopf-Geschichten aus dem Lummerland. Gut, kauf ich. Und Gummibärchen. Beide sind zufrieden, und wir fahren weiter zu Schelle in die Werkstatt. Wir fahren zu ihm, weil wir unser Auto nur in vertraute Hände geben. Das ist wie mit Kinderärzten und Friseuren. Schelle vertrauen wir, weil er früher Türsteher in unserer Disko war. Lange her ist das. Schelle soll sich meine Beule angucken.

Wie sie in meine Fahrertür kam, kann ich nicht erklären. Ein Mast stand plötzlich da, und dann auch gleich die Beule. Ich habe sie schon vielen Leuten gezeigt, weil ich mich mit Beulen nicht auskenne. Lutz, mein Arbeitskollege, bezeichnete meine Beule als problematisch: „Dein Schweller ist ja ganz zerdrückt, das ist gar nicht gut." Und Thomas, ebenfalls mein Kollege, erklärte, er würde so unter keinen Umständen weiterfahren. Mein Mann wiederum stöhnte und benutzte unschöne Worte, sodass ich mich verteidigen musste: „Ich fahre seit 200.000 Kilometern unfallfrei, und das hier ist mein statistischer Unfall. Sei froh, dass nicht mehr passiert ist!"

Nun stand Schelle vor meiner Beule und erklärte in Autoschlosser-Sprache, meine Beule sei nicht mehr als ein Schönheitsfehler. Man müsste sie irgendwann lackieren, damit sie nicht rostet. Wir fahren wieder nach Hause, weitere zwanzig Minuten mit zwei kleinen, gelangweilten Kindern. Jette ist inzwischen ins Wimmern übergegangen.

„Sei leise, ich versteh nichts!" sagt Marius. Jim Knopf rettet gerade eine Prinzessin, als Jette sich übergibt. Sie weint, ich schwitze, er schimpft:

„Igitt, das stinkt!"

Ich versuche, meine Tochter zu beruhigen, doch das gelingt mir nur bedingt. Die Stimmung schaukelt sich hoch auf den hinteren Sitzen. Endlich daheim. Der Schlüssel. Wo ist der Wohnungsschlüssel? Ich wische Jette mit sämtlichen Stofftaschentüchern ab, die ich im Auto finde, und rufe im Büro an. Schlüssel liegt unter einem Stapel alter Zeitungen auf meinem Schreibtisch, sagt Regina. Ihn zu holen, wäre nochmal eine Stunde Fahrt. Eine Zumutung für alle Beteiligten. Wir fahren zu meinem Mann auf Arbeit, weil das kürzer ist. Blöde Beule.

38. Kleine Schweinereien 💬

Frühstück. Jette baut Türmchen aus ihren Bananenscheiben, zieht den Leberkäse von ihrem Brot, stopft ihn in den Mund und legt ihre Schnitte neben den Teller: „Will ich nicht. Ist eklig."

Sie verlangt nach rosafarbenem Quark, aber wir haben nur noch gelben im Kühlschrank. Gelben will sie aus nachvollziehbaren Gründen nicht, denn gelb ist schließlich nicht ihre Lieblingsfarbe.

„Jette. Pfui", sagt mein Mann, als Jette aus Protest gegen den gelben Quark ansetzt, ihr Brot zu zerbröseln. Und zu mir: „Unsere Tochter ist ein Schwein. Das ist doch nicht normal, was sie mit ihrem Essen macht!"

Ich: „Dann nimm es ihr weg."

Er: „Klar, damit ich immer der Böse bin!"

Marius kniet auf seinem Stuhl und rutscht ab, hält sich aber noch an der Tischplatte fest. Ich: „Setz dich ordentlich hin!"

Und zu meinem Mann: „Siehst du, ich kann auch schimpfen."

Er: „Ja, aber bei Jette traust du dich nicht. Vor ihr hast du Angst."

Ich: „Ja. Sie ist so verständnislos. Und sie schlägt mich."

Wir sitzen seit längerer Zeit am Tisch, mein Honigbrötchen ist gegessen und der Cappuccino alle. Mich überkommt eine Welle der Erleichterung, als mein Sohn zum ersten Mal in sein Wurstbrot beißt und binnen weniger Minuten sein Teller leer ist.

„Fertig", tönt Marius – und zu Jette: „Bäh-bä-bä-bäh-bäh!"

Jette hat inzwischen einen großen Bananenturm gebaut. Vermutlich ist es kreativ, das Kind. Ich habe gelesen, dass es normal ist, wenn Kinder beim Essen und beim Schlafen streiken. Denn das sind die einzigen Gelegenheiten, bei denen ihre Eltern machtlos sind. Erwachsene können den kleinen Leuten dann nicht ihren Willen überstülpen, indem sie sagen, das wird jetzt gemacht. Also versuche ich es mit Geduld und Ignoranz, um Jette den Spaß am Provozieren zu verderben.

Trotzdem gehen mir ab und zu die Nerven durch, weil ich Angst habe, meine Tochter könnte verhungern. Ich stelle dann ihren Teller weg, woraufhin sie ihr Sieger-Lächeln aufsetzt.

„Mein rotes Lätzchen ist nass", wimmert Jette, sie hat sich einen Tropfen Holunderblüten-Tee auf ihren Latz gekippt.

„Das trocknet, ist gar nicht schlimm", sage ich.

Jette schluchzt: „Naaass. Alles."

Sie reißt den Latz runter.

„Jette!", sagt mein Mann. Was soll man da auch noch sagen?

Marius, dem langweilig geworden ist vor seinem leeren Teller, rückt auf meinen Schoß rüber. Der braucht Zuwendung, der kleine Kerl. Jette sieht das und fühlt sich emotional vernachlässigt.

„Auch Jette Mama sein Sooß", fordert sie.

Ich beende das Drama, indem ich mit den Kindern

waschen gehe. Nebenbei esse ich den Bananen-Turm. Morgen werde ich ihr wieder Frühstück hinstellen. Ich gebe nicht auf.

39. Die Statistik 💬

Wir benutzen zu viel Wasser. Binnen eines Monats stieg unser Verbrauch um 18,7 Prozent. Wir wüssten das nicht, und es wäre uns auch egal. Aber Opa Siggi führt Excel-Tabellen zu unserem Wasserstand, weil er sich für Excel-Tabellen und Wasserstände interessiert. Immer, wenn er uns besucht, schreibt er sämtliche Zählerstände ab. Dann stöpselt er seinen Computer an, stellt ihn auf den Esstisch und tippt die Zahlen in seine Tabellen.

Ich kenne keinen Mann in Opa Siggis Alter, der Kindergarten-Erzieher ist. Wahrscheinlich, weil dort niemand auf ihn hören würde: Opa Siggi würde Zähler-Zahlen in den Computer tippen und Tabellen ausspucken lassen. Dann würde er sich vor die Dreijährigen stellen, die Tabellen in die Luft halten und sagen:

„Ihr habt zu viel Wasser verbraucht!"

Doch es würde nicht helfen. Die Kinder würden nicht verstehen, was der Mann mit dem Zettel ihnen sagen will. Ein Misserfolg wäre das. Kein schöner Gedanke für die Opa Siggis.

Eines Tages kam Opa Siggi in unsere Küche, stellte

einen Topf Kartoffelsuppe in den Kühlschrank und erklärte, er persönlich würde jetzt Kinder hüten. Marius hatte über Nacht gebrochen, Jette Fieber und mein Mann und ich Arbeitstermine, die sich nicht verschieben ließen. Oma Karla und Opa Roland hatten Urlaub und Oma Gis Geburtstagsgäste.

„Ich mach' das", erklärte Opa Siggi und ließ sich von Oma Gis Kartoffelsuppe für mittags abfüllen.

Es gab sehr viele Tage, an denen ich entspannter auf Arbeit gefahren war. Aber wir hatten ja beide Handys, Opa Siggi und ich. Ich erinnerte mich, dass die RTL-Super-Nanny ihren Problemeltern auch immer durch einen Stöpsel im Ohr erklärt hatte, was sie als nächstes tun sollten, und so versuchte ich mich zu beruhigen. Doch die Leitung war tot. Opa ging nicht ans Telefon. Innerlich stellte ich mich auf eine Grundreinigung des Wohnzimmers ein. Ich habe in meinem Leben als Mutter schon viel gesehen, wenn Großeltern und Kinder unbeaufsichtigt waren.

Mittags rief er mich an:

„Jette will nichts essen."

Er klang sorgenvoll. Nicht schlimm, wenn sie eine Mahlzeit auslässt, beruhigte ich ihn, alles nicht schlimm. Ich wollte noch mehr sagen, aber Opa Siggi war kurz angebunden am Telefon.

Als ich nach Hause kam, herrschte Stille. Nirgendwo Kinder. Keine herumliegenden Spielsachen. Ich klebte nicht am Fußboden fest.

Opa Siggi hatte seinen Computer angestöpselt, saß am Esstisch und fütterte sein Spielzeug mit Zahlen.

Die Kinder hielten ordnungsgemäß Mittagsschlaf. „Warum füllst du deinen Zahnputzbecher nicht richtig?" fragte ich am Abend meinen Sohn. Marius schaute mich mit ernstem Blick an, dann sagte er: „Wir müssen auf unseren Wasserverbrauch achten." Danke, Papa.

40. Wir gucken Fußball 💬

Marius sitzt auf dem Sofa und guckt Fußball-Europameisterschaft. Das machen ja alle im Moment, also probiert es auch mein Sohn aus. Sitzt zwischen seinen Eltern, kaut Erdnussflips und guckt zu, wie sich eine Herde Männer auf einer gestreiften Wiese um einen Ball streitet.

Ich glaube, ihm ist langweilig.

„Sind die Weißen unsere?", fragt er, Flips kauend. Weil mein Mann immer „psst" sagt und Geräusche von sich gibt, die Vierjährige irritieren, ein lautes „Ooorrr" zum Beispiel, hält er sich bei Fragen an mich. Wahrscheinlich, weil ich auch nach mir-ist-langweilig aussehe.

Ja, die Weißen sind unsere. Und wenn die gewinnen, dann freut sich ganz Deutschland. Die Erklärung scheint Marius nicht weiter zu berühren, zumindest zeigt er keine Regung. Stattdessen fragt er weiter: „Warum haben die nur einen Ball?" So viele Männer und nur ein Ball. Gute Frage.

„Das Spiel geht eben so. Nur mit einem Ball", sage ich, weil mir nichts Besseres einfällt.

Da erklärt Marius, wenn er einmal Fußball spielt, dann würde er das anders machen.

Wenn er mal Fußball spielt – was gäbe ich dafür, wenn er das tun würde. Tatsache ist, dass er für Ballspiele im Allgemeinen nichts übrig hat. Meine Freundin Anett erklärte mir stolz, dass ihr vierjähriger Sohn im Fußballverein ist. Weil er es wollte. Der Junge liebt Bälle, wie wir sie liebten, als wir Kinder waren. Im Frühjahr bekamen Marius und Jette zwei kleine Fußball-Tore geschenkt. Vielleicht lag ihr Desinteresse am Ballsport bisher daran, dass ihnen das ziellose Herumbolzen zu langweilig wurde, dachte ich. Also kam mir die Idee mit den Toren.

„Ihr spielt gegeneinander", begann ich und erklärte in groben Zügen, wie das Spiel funktioniert.

Danach war Anstoß. Marius schnappte sich den Ball, lief an Jette vorbei und zielte in ihr Tor.

„Tooorr", rief ich, „1:0".

Das fand Jette nicht lustig und heulte auf. Sie nahm ihr Tor und schleppte es in eine Ecke, in der sie ungestört war. Dann holte sie sich einen zweiten Ball und kickte alleine ein bisschen auf ihr persönliches Tor. Sie war einigermaßen begeistert.

Dem zweijährigen Mädchen fehlt die notwendige Platzreife, schlussfolgerte ich. Sie muss trainieren, dann wird das schon. Eine Weile dribbelte ich mit meinem Sohn, bis eine Horde Kinder mit Fahrrädern vorbeilärmte. Da schwang sich Marius auf sein Rad und ließ mich alleine mit dem Ball und dem Tor. Fußball-EM. Nach einer Viertelstunde steht es immer noch 0:0, aber die Erdnussflips sind alle und mein Sohn hat keine weiteren Fragen. Es ist offensichtlich, dass er im Moment wirklich nichts für Fußball übrig hat. Ich bringe ihn ins Bett, mein Mann sagt „aaahh". Vielleicht wächst hier eine Generation heran, die gesprächiger ist.

41. Mein junger Picasso 💬

Ich sehe aus wie ein bemaltes Ei. Ich habe diesen Eierkopp, für den ich nichts kann, eine schräge Nase, blaue Haare und Arme, die aus meinem Hirn wachsen. Natürlich kann man sich über Details unterhalten, aber ich rede hier vom ersten Porträt, das meine Tochter in ihrem zarten Alter von zwei Jahren jemals von mir gezeichnet hat.

Fast hätte ich geweint, so sehr hat mich das gerührt. Sie malte dieses Wesen, und als sie fertig war, verkündete sie: „Das bis du."

Dann machte sie eine theatralische Pause, legte den Stift weg und zog ihren spitzen Spezial-Mund, den sie immer macht, wenn sie stolz ist.

„Das hast du aber fein gemalt", sagte ich.

„Und ich?" fragte Marius.

Ich schaute mir sein Bild an und konnte nichts erkennen, da waren nur sehr viele rote Striche.

„Was hast du gemalt?" fragte ich.

„Ganz viel Gras."

„Aber Gras ist doch grün."

„Ja, aber meins ist rot, weil es verbrannt ist. Es ist nicht gegossen worden, und jetzt ist es ausgetrocknet und verbrannt", erklärte mein Sohn und nahm sich das nächste Blatt.

Er malte diesmal schräge, blaue Striche. „Ein böser Sturm", erklärte er. Und so ging es weiter. Auf das nächste Blatt malte er einen schwarzen Kreis, in dem ein Punkt zu sehen war:

„Ein ganz großes Loch, da ist jemand reingefallen."

Also lobte ich meinen Sohn für seine Fantasie. Immerhin hat er Ausreden dafür, dass er nicht malen kann. Ich halte es nicht für ausgeschlossen, dass Picasso auch so angefangen hat. Mit Ideen – er wusste, wie er seine Bilder interessant präsentiert. Vielleicht saß Mutter Maria neben dem kleinen Pablo, als er vier war, und fragte vorsichtig, was er denn da eigentlich gemalt habe.

Und Pablo sagte: „Verbranntes Gras."

Marius malte eine rote Dampflok, die aussah wie ein zehn Wochen altes Embryo. Er malte Blätter voll mit Ms, weil das sein Buchstabe ist, und Regenwürmer. Das alles heftete er in seinen Zeichen-Ordner, in dem er seine Werke sammelt. Vielleicht wird man irgendwann „die frühen Müllers" dazu sagen.

„Ich kann auch nicht malen. Und aus mir ist trotzdem was geworden", sagte mein Mann später, als ich ihm die Bilder zeigte.

Oma Gis erklärt immer, man müsste sein Handgelenk lockern. Und Mädchen könnten sowieso besser malen als Jungs.

Etwas später bat mich eine Leserin darum, dass ihr Marius ein Exemplar unseres Familiengeschichten-Buches signiert. Da bat ich meinen Sohn, bitte kein Gras und auch kein Loch zu malen.

„Ich male was ganz Schönes", sagte er und legte los. Nach wenigen Augenblicken war er fertig und ich erleichtert und lobte: „Oh, eine schöne Sonne!"

Marius verdrehte die Augen, wie er es immer tut, wenn er an meinem Intellekt zweifelt, und erklärte mir sein Bild:

„Das ist keine Sonne. Das ist eine Spinne. Siehst du? Acht Beine."

42. Die beiden Halblinge 💬

Marius rannte ins Bad, stellte sich vor die Toilette, tänzelte auf Zehenspitzen, ließ die Hosen runter und pinkelte. Im Stehen.

„Was machst du da?" fragte ich meinen Sohn. Der Junge ist vier und lässt sich in der Regel von seiner Mutter – also mir – aufs Klo begleiten.

„Na pullern wie ein Mann", antwortete Marius.

Ich fragte mich, ob das etwas mit der Pubertät zu tun hat. Eines Tages wird das Kind, das mir heute bis zum Bauchnabel reicht, groß sein. Morgen wird es in die Schule kommen, übermorgen ausziehen.

Marius hatte mit den Halblingen gespielt und offensichtlich ein paar Dinge dazugelernt. Die Halblinge sind große Jungs, elf und zwölf Jahre alt, und die Kinder unsere Freunde. Eigentlich nett, die beiden. Sie machen keinen Dreck und sind zufriedene Gäste, wenn man ihnen den Fernseher einschaltet. Als ich Geburtstag feierte, lagen sie auf unserem Sofa und guckten einen Film.

Ab und zu krachte es, aber nur im Fernseher. In dem Film zerstört der Lieblingsschauspieler der Halblinge Autos, und das geht leider nicht ohne Lärm.

„Der ist erst ab 16", erklärten sie stolz.

„Erzählt nicht solches Zeug", schimpfte der Vater.

Später trug der ältere der beiden Jungen eine Brille. Eine Hornbrille, mit der man vor fünf Jahren ausgelacht worden wäre und die heute als cool gilt.

„Seit wann hat er schlechte Augen?" fragte ich die Mutter.

Doch die winkte ab und erklärte, da sei Fensterglas drin. Da fragte ich lieber nicht weiter nach.

Noch später saßen wir draußen und grillten. Der ältere Halbling trug keine Hornbrille mehr, aber eine Hose, aus der sein Schlüpferbund herausguckte.

„Zieh die Hose richtig hoch!" sagte der Vater, und ich glaube, der Junge hat geknurrt.

Es sei sittenwidrig, seine Hosen so tief zu tragen, erklärte der frustrierte Vater. Er hatte im Internet nach Argumenten gesucht, seinen Sohn vom Hosenhochziehen zu überzeugen und festgestellt, dass der

Trend tief sitzender Hosen aus der Gefängnismode stammt. Trug ein Verbrecher seine Hose so, dann gab er den anderen Verbrechern ein Zeichen, dass er bereit ist zum Sex. Der Halbling schnallte den Gürtel enger.

Er geht jetzt in die sechste Klasse und sollte sich im Groben klar darüber sein, dass er irgendwann Arbeiten gehen muss.

„Was willst du eigentlich mal werden?" fragte ich ihn.

Der Halbling sah mich an und strahlte: „Jura."

Da erklärte ich ihm, dass das zwar trockener Stoff sei, aber das Studium am Ende interessante Möglichkeiten biete.

„Wie kommst du eigentlich auf Jura?" fragte ich dann.

Da sah er mich wieder an, strahlte und sagte:

„Da kann ich so coole Anzüge anziehen. Maßgeschneiderte, so auf Taille."

Mein Sohn pullert wieder im Sitzen. Er kommt noch nicht richtig über den Rand der Kloschüssel, wenn er sich hinstellt.

43. Kuscheltier-Rikscha 💬

Der Karl wird nie wieder schwitzen, wenn er Fahrrad fährt. In Wahrheit ist sein Fahrrad nämlich kein Fahrrad, sondern es sieht nur so aus. Es hat einen winzigen Motor, der so leise schnurrt, dass man ihn überhört.

Karl ist unser Nachbar, und ich beobachte ihn manchmal. Jetzt hat er für sich und seine Frau solche modernen E-Bikes gekauft. Sie tanken heimlich Strom, schweben über den Asphalt und genießen die wunderbare Leichtigkeit des Seins. Abends, wenn sie nach Hause kommen, erzählen sie von den vielen Radfahrern, die sie überholten. Manchmal klagen sie, ihnen schmerze nach allzu langen Rad-Reisen der Po. Jetzt habe ich beobachtet, wie Karl die Räder putzte. Vermutlich planen sie ihre erste Fahrrad-Reise ins Ausland.

Und ich bleibe schweißgebadet auf der Strecke, im ständigen Zweikampf mit dem faulen Ferkel in mir. Auf meinem Fahrrad denke ich neuerdings an Karl. Wenn ich es bis zum Spielplatz schaffe, bin ich relativ zufrieden. Ich fahre in Wahrheit nicht Fahrrad, sondern bin Chauffeur einer Rikscha. Das sind die Dinger, in denen ein armer Einheimischer Touristen durch seine Stadt strampelt.

Mein Rad hat einen Anhänger für zwei Personen. Die Kinder, die ich neun Monate lang mit mir herumgetragen habe, ziehe ich jetzt hinter mir her. Im Fahrradanhänger.

Jette und Marius finden das gut, glaube ich. Bevor sie einsteigen, packen sie den Hänger voll, man weiß ja nie: Kuscheltiere, Bücher, Apfelstückchen, Lollis, Trinkflaschen. Wenn es frisch ist, nehmen sie gerne eine Decke für die Beine in Anspruch. Damit sie nicht frösteln.

Während ich vorn trete, treten hinten eine Reihe von

Problemen auf: Jette bekommt Durst, wenn sie mir beim Berghochstrampeln zusieht.

„Ich krieg die Trinkflasche nicht auf", wimmert sie, worauf Marius „bäh-bäbä-bäh-bäh" antwortet.

„Hilf ihr bitte", keuche ich.

Da nimmt er diesen Öffnungs-Nippel ihrer Flasche zwischen die Zähne und zieht ihn auf, worauf Jette wiederum wimmert: „Jetzt hat Marius seine Spucke an meine Flasche gemacht!"

Etwas später am Berg: „Ein Motorrad ist auf meiner Seite. Bäh-bäh", singt Jette und nippt an ihrem Apfelschorle.

Marius singt zurück: „Und auf meiner Seite ist die Soo-nnn-ee. Bäh-bäbä-bäh-bäh."

Noch später, der Berg ist immer noch da, erklärt mein Sohn, er würde gerne aussteigen. Er möchte etwas pflücken, was am Straßenrand wächst. Etwas Rotes, so etwas hat er nämlich noch niemals gepflückt.

Und noch später fragt er mich, was das für ein Vogel ist, der da so schön piepst. Weil ich keuche, ich hätte den Vogel nicht gesehen, fragt er, warum Vögel überhaupt piepsen. Gute Frage bei gefühlt zwanzig Prozent Steigung. Hätte ich doch Karls schnurrende Sonderausstattung.

Nein, ich darf nicht daran denken. Ich will schwitzen. Aber man muss sich mal überlegen, welche Möglichkeiten mir ein Motor gäbe ...

44. Supermarkt-Autist 💬

Hat vielleicht jemand 'nen Sonnenhut gefunden? Im Einkaufswagen?

Rot-grün-blau mit Blümchen? Hätte ja sein können. Oder hat jemand ein kleines Mädchen gesehen, das plötzlich so einen Hut trägt? Rot-grün-blau mit Blümchen?

Ich dachte, das hier ist meine letzte Chance. Ich lebe mit zwei kleinen Menschen zusammen, die sehr vergesslich sind. Also vergaß Jette den schönsten Hut, den sie je besaß, in einem Einkaufswagen.

W-I-R im Supermarkt. Nicht I-C-H im Supermarkt. Das war der Fehler.

Es gibt angenehmere Dinge, als mit kleinen Kindern durch Lebensmittelgeschäfte zu irrlichtern. Durch die langen Gänge der bunten Bonbonwelt. Nicht, dass Marius und Jette betteln würden. Sie lieben es sogar, durch Supermärkte zu spazieren. Sie schieben dann gemeinsam einen dieser Mini-Einkaufswagen vor sich her, die eine lange Fahnenstange haben, damit man sie nicht übersieht. Hinein packen sie alles, was wir an Kinder-Produkten brauchen: Lieblingsmilch, Lieblingswurst, Lieblingskäse und alles, was es noch so mit Lieblings- vorne dran gibt.

Aber ich mag es nicht, wenn mich etwas von meinem Einkaufszettel ablenkt. Ich bin Supermarkt-Autist. Will schnell wieder weg und kaufe darum meistens spätabends ein, wenn die Kinder im Bett liegen und die Gänge menschenleer sind. Diesmal war ich mit den Kindern dort. Und was passiert? Lieblingshut weg. Rot-grün-blau mit Blümchen.

Es tröstet mich ein bisschen, wenn ich an Wombel denke. Wombel ist der zerliebte Stoffhase meines Sohnes. Noch nie verbrachte Marius eine Nacht ohne Wombel. Einmal, als wir aus dem Urlaub kamen, war Wombilein weg. Marius musste ihn im Flugzeug vergessen haben. Traurig saß er auf dem Sofa und gab bekannt, dass er von nun an nie wieder schlafen würde.

Ich versuchte, Wombels letzte Stunden zu rekonstruieren, und befragte den einzigen Zeugen: „Marius, das ist jetzt ganz wichtig: Hattest du ihn, als wir aus dem Flieger gestiegen sind?" Er zuckte mit den Schultern. „Und danach im Auto?" Schulterzucken. Ich rief auf dem Flughafen an, im Fundbüro der Fluggesellschaft und telefonierte mich bis zum Management der Putzfirma durch, die die Flieger sauber macht.

Zweiter Anruf im Fundbüro: „Gibt es Hinweise auf den Hasen?"

Nein.

Dritter Anruf im Fundbüro: „Bitte sind Sie ganz ehrlich: Was tun Sie mit hässlichen Stofftieren, wenn Sie welche finden? Die schmeißen Sie weg, oder?"

Die Frau, wir kannten uns bereits, versicherte mir, das zerliebte Stofftiere höchste Priorität hätten und so gut wie immer zu den liebenden Kindern zurückgeschickt würden, weil die Eltern ihnen nachtelefonierten.

Vierter Anruf im Fundbüro: „Hallo, ich bin's. Hat sich erledigt. Wombel ist aufgetaucht, er lag neben dem Kompost-Haufen."

Also: Hat jetzt jemand diesen Hut gefunden? Ich gebe nämlich niemals auf.

45. Urlaub, na endlich 💬

Wie schön hätte der Tag beginnen können, wäre es bei 11.50 Uhr geblieben. Wir hätten ausgeschlafen, gefrühstückt, wären zum Flughafen und von dort in die mallorquinische Sonne geschwebt. 11.50 Uhr. Ja, ich würde gerne mal wieder schlafen. Deshalb habe ich diesen 11.50 Uhr-Flug gekauft, der lässt dich morgens ausschlafen und bringt dich bis zum Kaffeetrinken nach Mallorca.

Stattdessen strich Herr Mehdorn den Mittagsflug und stopfte uns in eine Fünf-Uhr-Morgens-Maschine. Seit Herr Mehdorn von der Bahn in den Flugverkehr gewechselt ist, rechnen wir bei seiner Air Berlin mit kleinen Überraschungen.

Ich legte die Kinder am Abend vor dem Flug in ihren Anziehsachen schlafen, weil ich eine Idee hatte: Wenn es losgeht, würde ich sie vorsichtig aus dem Bett heben, aufs Klo setzen und ins Auto schnallen. Sie würden nichts merken und bis Nürnberg schlafen. Ein Uhr nachts. Marius starrte wie ein Zombie aus dem Autofenster in die Nacht. Jette sang „In der Weihnachtsbäckerei", und ich wartete auf die Wirkung meiner Kopfschmerz-Tablette. „Sind wir jetzt da?" fragte mein Sohn, nachdem wir auf die Autobahn aufgefahren waren. Ich erklärte ihm, dass das noch lange dauere und er ruhig schlafen könne. „Ich bin aber fertig mit schlafen", verkündete er mit Zombie-Blick.

„Ich bin auch fertig", erklärte Jette. Ein Uhr nachts fertig. Ich zu meinem Mann: „Oh Gott."

„Oh oh, ich sehe die Landebahn", sagte mein Sohn nach einer Weile.

„Das ist ein Rasthof", erkärte ich, und Marius: „Was ist ein Rasthof?" Man kann dort Pause machen, wenn man lange Auto fährt. „Ich will das mal machen."

Nachdem ich 100-mal die Frage gehört hatte, ob wir da seien, waren wir es wirklich. Erst Herr Mehdorn, jetzt seine Handlangerin: „Ihre Koffer sind zu schwer. Einer 900 Gramm, der andere drei Kilo", tönte sie am Check-In-Schalter. Es gibt diese neue Vorschrift, von der wir nichts wussten. Jeder Koffer darf nur 23 Kilo wiegen. „Umpacken oder 50 Euro", tönte die Schalter-Fee in zartem Fränkisch. Wir packten um, improvisierten ein bisschen dabei.

Im Flieger fluchte ich vor mich hin: Warum habt ihr uns so zeitig bestellt, wenn ihr so bummelt? Wir hätten längst in der Luft sein müssen. Stattdessen bat die Stewardess um Geduld – die Gepäckklappe geht nicht zu, wird aber gebaut, keine Sorge. Wäre nett, wenn mit den anderen Türen alles in Ordnung ist, dachte ich so.

Marius: „Spielst du mit Memory?" Morgens um sechs nach schlafloser Nacht Karten-Pärchen suchen. Nee. Denkt Herr Mehdorn eigentlich auch an die Eltern, wenn er solche Spielchen ins Kinder-Geschenktütchen packen lässt? Marius nahm den Spitzer aus der Tüte und die Buntstifte und spitzte und spitzte und spitzte. Macht er gerne.

Auf dem Flughafen von Palma zog ich unseren schwarzen Müllsack vom Kofferband. Wir reisten mit Mülltüte, weil wir ja umpacken sollten. Wir waren die armen Ossis. Die Sonne schien, es war mir egal.

46. Mutter ist lustig 💬

Ich laufe mit Jette am Frühstücksbuffet unseres Ferienhotels entlang. Jette balanciert ihre Cornflakes-Schale und bleibt im Speisesaal stehen. Rechte Hand schnellt hoch, Zeigefinger raus, in der linken Hand schwanken die Cornflakes. „Mama! Sau mal! Da ist Mutter!", ruft meine Tochter und zeigt auf eine fremde Frau.

Oh ja, die Mutter. Sie sieht übernächtigt aus. Mutter ist etwa 20, pummelig und Animateurin auf Mallorca. Sie gehört zu denen, die ihre Jugend als Touristen-Bespaßer verlängern, bevor sie Sozialpädagogik studieren. Oder so. Mutter heißt eigentlich Martha. Aber da Jette sächsisch spricht und offenbar auch hört, hat sie „Mutter" verstanden.

Jette findet Mutter sympathisch. Das kränkt mich, weil es ja nicht um mich geht. Meine Tochter sagt zu einer Fremden Mutter und findet die auch noch nett. Wahrscheinlich, weil Mutter sich abends bei der

Minidisko als Clown verkleidet. Sie tanzt zusammen mit meinen Kindern Elefanten-Tänze und singt zum Abschluss ein lustiges Lied, in dessen letzter Strophe jeder die Zunge herausstrecken darf.

Auch wir als Eltern dürfen das, Zunge herausstrecken beim Mittanzen. Aber dabei habe ich keine Hemmungen, ich bin ja pauschal und anonym. Das geht den Männern sicher ähnlich, die am Rand der Minidisko-Tanzfläche stehen und Mallorca-Strohhüte tragen, die man in diversen Kneipen zum sechsten Bier geschenkt bekommt.

Zwischen ihnen steht mein Mann, ohne Strohhut, und fotografiert von allen Seiten unsere tanzenden Kinder. Er fotografiert Jette, als sie in eine Schlägerei mit einem älteren Jungen gerät. Und er fotografiert Marius, als ihm ein Vampir mit dem Ellenbogen auf die Nase haut. Der Vampir ist, neutral betrachtet, ein kleiner Junge mit schwarzem Müllsack-Umhang. Offenbar war er tagsüber an Martha geraten und hatte mit ihr gebastelt. Sie bastelt viel mit Mülltüten. Dass Martha auch außerhalb der Minidisko zur Verfügung steht, werde ich meinen Kindern niemals verraten.

Ich hätte nicht gedacht, dass mir diese Art von Ferien Spaß machen würde. Eigentlich bevorzuge ich es, mich im Urlaub selbst zu animieren. Jetzt sind Mutter und Lars dafür zuständig.

Wir fühlen uns ein bisschen wie im Ferienlager, weil wir uns vor ihnen verstecken wie früher vor unseren Betreuern. Lars hat bereits einige Alles-inklusive-Saisons hinter sich, was man ihm ansieht. Leider steht er auf Beilagen und Fleisch, sagt er. Deshalb wird er irgendwann von der Bühne verschwinden und in seiner großen holländischen Animations-Agentur Karriere machen.

Abends tanzt Mutter versehentlich einem kleinen Mädchen auf die Füße. Das Kind brüllt. Jette kommt zu mir und schimpft über Mutter. Na also.

47. Sonnencreme-Service 💬

Jette lernte am mallorquinischen Strand zwei wichtige Dinge. Erstens, dass andere Kinder zurückspritzen, wenn man sie vollspritzt mit diesem kalten, salzigen Wasser. Und dann kam sie zu der Erkenntnis, dass sie mit Creme anderen Menschen Freude bereiten kann. Also schmiert Jette mit Leidenschaft ihre Familie ein: Marius, Frank und mich. Sie quetscht sich ihre linke Hand voll Sonnencreme, spreizt die Finger auseinander und verteilt die Creme mit kreisenden Handbewegungen so lange über alle Körper, bis sie weiß sind.

Weil sie zwischendurch stolpert und in den Sand fällt, klebt an den winzigen Händen eigentlich immer Sand. Manchmal rennt sie dann zum Meer, um sich zu waschen, kommt mit eisigen Händen zurück und cremt weiter. Jette wäscht sich aber nicht nach jedem Sturz, sondern nur, wenn sie möchte. Also hat sie meistens doch irgendwie Sand an den Händen, und das wirkt wie ein Peeling: alte Hautschuppen runter, rosige nach oben.

Währenddessen macht Marius Versuche mit Krabben und Fischen und Quallen, die sein Vater ihm in ein Eimerchen gesetzt hat. Er will immerzu Tiere beobachten. Also legt er Seegras zu den Krabben und hofft, dass sie es zerschneiden, damit er die Stücke später in seinem Müllauto abtransportieren kann.

Jette könnte immerzu cremen, von morgens bis abends. Während sie meinen Rücken peelt, döse ich vor mich hin. Ich träume, wie Jette am Strand von Decke zu Decke geht. Ähnlich wie diese Sonnenbrillen- und Uhren-Verkäufer mit Rolex für zehn Euro. „Soll die Jette dich einschmieren?" fragt Jette dann jeden. Und weil sie so klein und niedlich ist, sagen alle ja. Jette quetscht Sonnencreme-Flatschen auf fremde Rücken, schmiert und peelt und verdient unseren Lebensunterhalt dabei.

Ich döse und träume von Jette, die sich durch nichts ablenken lässt. Weder von Paula noch Oskar oder Carla und wie die Kinder heute alle so heißen, die in ihrer Freizeit den Strand umgraben. Nicht mal für Mia hat Jette etwas übrig, die mit einer Suppenkelle neue Maßstäbe in der Buddel-Brigade setzt und damit für Begehrlichkeiten bei Carla, Oskar und Paula sorgt.

Jette schmiert und peelt. Danach haben die Touristen so weiche Haut, dass sie sich aus Dankbarkeit Schaufeln besorgen und mitbuddeln. Wie gesagt, ich träume nur. Ich habe keinen Sangria aus Eimern getrunken, nur weil ich zufällig auf Mallorca bin. Ich liege auf meinem Handtuch und träume, weil man das im Urlaub am schönsten kann. Vielleicht lag ich auch zu lange in der Sonne.

Was soll das jetzt? Alles ist kalt, mein ganzer Rücken ist kalt. Ich drehe mich um, und da steht Jette und sagt: „Du warst voll Sand. Ich musste dich sauber machen."

Jette hat mir einen Eimer Wasser über den Rücken gekippt. Mit einer Qualle drin. Und das ist jetzt leider kein Traum.

48. Löwe im Anflug 💬

Maria Jesus zieht ein verbittertes Gesicht. Sie ist unsere Kellnerin im mallorquinischen Hotel und die blasseste von allen, obwohl sie Spanierin ist. Maria Jesus schlängelt such mit ihrem vollen Tablett durch rosarote, sonnenverbrannte Touristen, was unter diesen Umständen relativ spaßfrei ist: ein Speisesaal für tausend hungrige Menschen, die sich am Buffet um Schweinebraten streiten.

In diesen Hotels versuchen sie, die Touristen übers Völlegefühl zu kriegen. Je satter der Kunde, desto zufriedener ist er. Ich finde das nicht schlimm, darum geht es mir jetzt nicht. Es schmeckt ja auch.

Eigentlich will ich nur schreiben, dass ich die Familie an unserem Nachbartisch beobachte. Und was sich sonst noch abspielt in diesen Ferienanlagen, in denen Europa im Sommer aufeinandertrifft. Ich will erzählen, was Ihnen Ihre Bekannten und Verwandten niemals preisgeben, wenn die Ferien vorbei sind. Haben Sie zum Beispiel jemals darüber nachgedacht, ob Ihre Bekannten zu denen gehören, die sich im Urlaub Mühe dabei geben, nicht wie Sachsen zu klingen? Die ihren Dialekt verstecken, weil sie in der internationalen Masse nicht auffallen wollen, nicht klingen wollen wie Olaf Schubert? Das ist der Typ im Rautenmuster-Pulli, der Mineralwasserwerbung macht.

Oder sind das Ihre Nachbarn: Nebenan am Tisch sitzt diese Familie beim Frühstück. Mutter, Vater, zwei halbwüchsige Söhne. Jeder hat einen Mini-Computer vor sich liegen, an dem er herumspielt. Manchmal zeigen sie sich gegenseitig etwas und lächeln dabei. Aus welchem Land sie kommen, ist schwer zu sagen. Sie reden nicht, sie spielen nur. Bei jeder Mahlzeit. Danach setzen sie sich in die Hotel-Lobby und tauchen dort zwischen all den Frauen und Männern unter, die ihre Mobiltelefone streicheln und auf Computern herumtippen. Sie machen Urlaub im Internet, gehen aber zwischendurch in der Realität baden.

Am Pool trifft man zuerst ihre Handtücher. Die Ihrer Nachbarn vielleicht auch? Ja, auch wir reisen ans Meer, um gelegentlich am Pool zu liegen. Weil ins Meer keine Rutsche geht. Und weil Marius und Jette am Pool ihre Freundin Lenja treffen. Lenja ist knapp drei, und am liebsten macht sie vor dem Pool Pfützen mit der Gießkanne.

Während wir auf unseren Pool-Liegen die Zeit verstreichen lassen, beobachten die Kinder einen Mann in den Fünfzigern. Vielleicht Ihr Nachbar? Er breitet sein Handtuch vor dem Pool aus, legt sich auf den Bauch und streckt Arme und Beine hoch. Immer wieder. Dazu rieselt Kaufhaus-Musik aus den Lautsprechern. Marius und Jette kämpfen dagegen so gut es geht mit ihrem aktuellen Lieblingslied an: „In der Weihnachtsbäckerei" zwitschern sie bei 30 Grad in jeder Lebenslage. Da wir schon eine Weile hier sind, singt inzwischen eine Reihe anderer deutscher Kinder mit. Jette und Lenja holen sich Handtücher, legen sich neben den Mann und machen ihm alles nach. Dem Mann ist das peinlich, mir auch. Besonders, als Jette Richtung Himmel zeigt und „ein Löwe" ruft. Sie verwechselt Möwen mit Löwen.

Die einzige, die wir tagsüber niemals sehen, ist Maria Jesus.

49. Danke für die Wattepads

Pauschaltouristen beschenken sich. Am letzten Urlaubstag suchst du dir jemanden aus, dem du angerissene Salzpackungen und so weiter schenkst, die du nicht mit nach Hause nehmen willst, und machst großzügige Gesten bei der Übergabe. Du willst ja nichts dafür, nein, du bist so gut.

Auch wir wurden auserwählt. Eine Familie aus Berlin

stellte uns eine Plastiktüte mit Resten vors Zimmer, woraufhin sich Marius mit einer Packung Kosmetik-Wattepads anfreundete. „Kann ich die haben?" fragte er und guckte mit seinem Ich-bin-doch-nur-ein-kleiner-Junge-Blick zu mir nach oben. Da ich in zwei Wochen Urlaub 120 Wattepads nicht annähernd aufbrauchen würde, überließ ich meinem Sohn einen Teil davon. Er stopfte seine Beute in eine kleine Tüte. Abends nahm er ein Wattepad mit ins Bett: „Wombel, bitteschön, das ist dein Kissen", erklärte er seinem Stoff-Hasen.

Wombel blieb stumm. Morgens kam er mit dem Wattepad aus seinem Zimmer, kroch in mein Bett, legte sich zwei kleine, weiße Wattescheiben auf seine Augen und erklärte: „So kann ich besser schlafen." Etwas später, wir waren aufgestanden, wischte er sich damit übers Gesicht und erklärte, er müsse sich nicht mit Wasser waschen, weil das ein Waschpad sei.

Es gibt aus Sicht eines vierjährigen Kreativen nichts Genialeres als Wattescheibchen. Am Frühstückstisch legte er sie in eine Reihe und empfahl sie uns ausdrücklich als Servietten. Aus dem Pool fischte Marius leblose Fliegen und Käfer. Er bettete sie auf einem Wattepad und erklärte, das sei ihr Krankenbett. Ein grün glänzender Käfer schaffte es tatsächlich. Ein Wattepad hat ein Leben gerettet.

Die übrigen Geschenke versteckte ich vor meinem Sohn. Auf welche Ideen käme er mit einem Kilo Mehl? Und was wollten die Berliner mit einem Kilo Mehl auf Mallorca, wo sie doch Halbpension hatten?

Und was mit einem Kilo Zucker? Mit einem halben Liter Duschbad namens „absolute Erholung Aroma-Therapie" in lila und weiterer 800 Milliliter „Karibik-Traum" in grün? Wir werden es nie erfahren, weil wir ihre Namen und ihre Adresse nicht kennen. Wir wissen nicht einmal, ob sie wirklich in Berlin leben. Wir wissen nur, dass sie ab Berlin geflogen sind und nach Berlin klingen.

Ein paar Tage später bekamen wir neue Geschenke. Nils, der Vater von Lenja, der Urlaubsbekanntschaft unserer Kinder, brachte uns ein Glas Tomatensoße und eine halb volle Milchtüte. Sie würden nachts nach Hause fliegen. Marius freute sich darüber und trank in Erinnerung an Lenja am selben Abend ein Glas Lenja-Milch, wobei er das Glas wiederum auf ein Wattepad stellte. Sein Untersetzer.

Beim Frühstück trafen wir Lenja und ihre Eltern. Sie waren noch da. Versehentlich wollten sie einen Tag zu früh abreisen.

50. Mehr Mut, Männer! 💬

Denken Männer immer in Katastrophen? Oder passiert das nur dann, wenn sie Angst um ihre Familie haben? Es könnte ein Ur-Instinkt sein, und gegen einen solchen ist an sich nichts einzuwenden.

Ich will noch diese eine Urlaubsgeschichte erzählen, um Männern, die auf Reisen das Schlimmste befürchten, Mut zu machen. Falls Sie glauben, wir Zeitungsleute hätten ewig Urlaub, da ich in den Sommerferien über nichts anderes geschrieben habe, kann ich Sie beruhigen: Zwei Wochen waren es. Aber ich muss immerzu daran denken, weil ständig ein anderer Kollege verreist. Alle weg. Außer mir, ich sitze am Schreibtisch im Schein meines PC-Bildschirms. Es ist also unser letzter Urlaubstag und wir bummeln über den Markt von Santanyi, ein Städtchen im Süden Mallorcas. Enge, verwinkelte Gassen, alles sieht gleich aus. Selbst die Marktstände, weil jeder billige Gucci-Taschen und Rolex-Uhren verkauft. Mein Mann wollte nicht hierher. Er prophezeit, dass wir nie wieder herausfinden werden. Die Kinder würden weinen, wir würden unter einer Brücke schlafen und unser Flugzeug verpassen und unsere Jobs verlieren und so weiter.

„Wie willst du unser Auto finden?" fragt Frank, und er klingt gereizt. Um ihn abzulenken, zeige ich ihm einen Gürtel, er kauft im Urlaub immer Gürtel. Dabei beobachtet mich ein afrikanischer Händler. „Echt Leder. 20 Jahre Garantie", erklärt er. „Hallo", sagt Marius zu ihm, er grüßt jeden.

„Wie teuer?" frage ich.

Er: „25 Jahre Garantie. 25 Euro."

„Nee. Zehn."

„No. Feines Leder, echte."

Etwas später besitzt mein Mann einen neuen Gürtel für 12 Euro und mit 30 Jahren Garantie. „Applauso", ruft Jette nach dem erfolgreichen Gefeilsche aus dem

Buggy. Marius wühlt in Armbändern. Ich kaufe eines für Jette und überzeuge Marius davon, dass das Mädchenkram ist. „Wir finden etwas anderes für dich." Und so lassen wir uns treiben, weg von unserem silbernen Citroën, den hier fast alle Touristen fahren. Als wir zurücklaufen, hat jeder etwas. Ich ein Halstuch, Marius einen Buntstift-Spitzer. Er spitzt seit unserem Flug noch lieber als zuvor. Doch leider taugt der Spitzer nichts, der in seiner Kindertüte der Air Berlin steckte. Vielleicht liest das jemand, der dort arbeitet und das Problem zu Herrn Mehdorn durchstellt.

Frank hatte sich zur Orientierung die Kirche gemerkt. Leider sieht selbst die von jeder Seite gleich aus. Aber meine Familie hat ja mich und mein weibliches Gedächtnis. Ich erinnere mich an diese Kneipe, in der ein Schauspieler mal gefrühstückt hat. Und an den Bilder-Stand mit Kunstdrucken von schwarzen Schafen, von denen ich gerne eines gekauft hätte. Doch auf den letzten Metern versage ich. Links? Rechts? Keine Ahnung. Da hüpft Marius auf einen Taschenverkäufer zu und ruft „Hallo". „Bei dem waren wir am Anfang", erklärt mein Sohn. So landen wir am Auto. Also: Mut, Männer!

Inhalt

Impressum

Bis einer weint…

Text: Manuela Müller
Illustrationen: Ingolf Höhl

1. Auflage, 2014

© Chemnitzer Verlag

Layout/Satz: Ingolf Höhl

Gesamtherstellung: Westermann Druck Zwickau GmbH

www.chemnitzer-verlag.de

ISBN: 978-3-944509-04-4